POLYGLOTT on tour

Bernd F. Gruschwitz

Teneriffa

Top 12
besonderer Tipp
Warnung
Info
Hinweis
Restaurant
Unterkunft
Nightlife
Shopping
Literatur

POLYGLOTT-Top 12 Umschlagklappe vorne

Allgemeines

Städtebeschreibungen

Nicht nur zur Karnevalszeit pulsiert das Leben in dem kulturellen und wirtschaftlichen Zentrum der Insel.

Touren

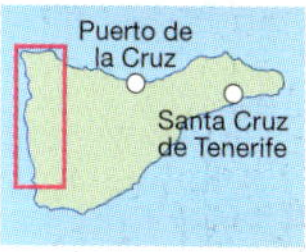
Puerto de la Cruz
Santa Cruz de Tenerife

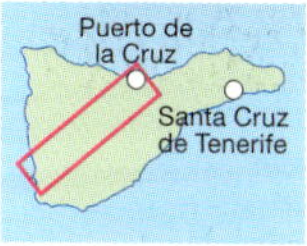
Puerto de la Cruz
Santa Cruz de Tenerife

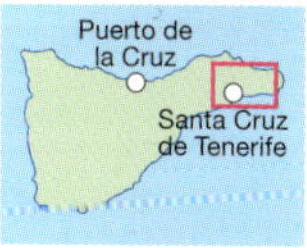
Puerto de la Cruz
Santa Cruz de Tenerife

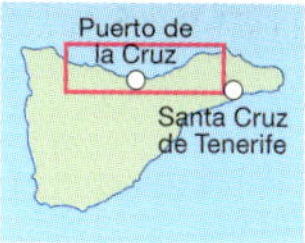
Puerto de la Cruz
Santa Cruz de Tenerife

Tour 5

Auf dem Inselrücken

Seite 85

Beim Wandern in den Pinienwäldern eröffnen sich Blicke auf Täler und Küsten beiderseits der Cumbre Dorsal und auf Gran Canaria.

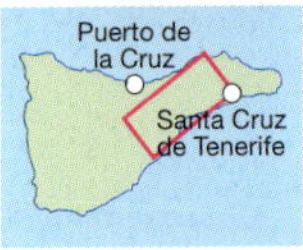

Tour 6

Durch die Vulkanwüste des Südens

Seite 92

Vor einem Hinterland mit Treibhäusern zwischen Vulkankegeln erstrecken sich schöne Golfplätze und der längste natürliche Sandstrand der Insel.

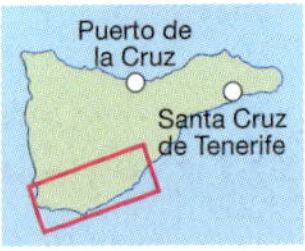

Rechts: Die Playa de las Teresitas

Bildnachweis

Alle Fotos APA Publications/Gary John Norman außer Irene Börjes: 9, 10, 11; Bernd Gruschwitz: 16 (2), 17, 27, 30, 36 (2), 40, 63, 72; Rainer Hackenberg: 33, 65; Dorothee Krause: 23 (2); laif/Babovic: 80; laif/C. Piepenburg: 6, 7, 108; laif/Tophoven: 55 (1), 56; Hubert Stadler: 8, 71; Klaus Thiele: 25; Titelbild: Anzenberger/Robert Bösch

Piraten und Whale-watcher an Bord

Von den Sporthäfen **Puerto Colón** in **Playa de Las Américas** und in **Los Gigantes** legen die Boote für **Hochseeangeltouren** ab. Ein Gang durch den Hafen verschafft Ihnen den besten Überblick über die aktuellen Angebote. Sie müssen pro Person für einen 4-Stunden-Trip mit 15 € rechnen. Übrigens, der begehrte Schwertfisch oder Marlin wird nur noch selten im Triumph an Land gebracht. Die Beute steht dem Kapitän zu, der sie meistens wieder freilässt.

Leinen los zur Unterwasserbeobachtung

Eine verborgene Vielfalt an großen Fischen und kleinem Wassergetier lässt sich in der Tiefsee und in den flacheren Küstenzonen vor Teneriffa entdecken. Schwertfische und Marline, der Traum eines jeden Hochseeanglers, Mantas mit einer Spannweite von 2,50 m, Seepferdchen und leuchtend bunte Schwärme blaugrüner »Peje Verde« (Grünfisch) oder roter »Viejas« (eine Papageienfischart). Fast alle lassen sich bei Bootsausflügen beobachten, ob über oder unter Wasser.

- Die **Vision Submarina** ermöglicht durch Unterwasserfenster die Beobachtung der bunten Fischschwärme. Zweimal täglich Ausfahrten vom Hafen von Los Cristanos; 3 Stunden kosten 30 € für Erwachsene, Kinder die Hälfte.
- Das größte und schnellste Schiff zur Unterwasserbeobachtung ist die **Lady Shelly.** 225 Personen finden an Bord des Katamarans Platz. Auch er ankert bei Los Cristianos. Fahrten: 2–9 Std. 25–75 €.
- Eine gute und relativ preiswerte Sicht auf die Unterwasserwelt hat man vom **Glass Bottom Boat.** Es startet täglich ab 11 Uhr vom Hafen von Los Gigantes; ein 2-Stunden-Trip kostet 18 €.

Wal voraus

Delfine und mehr als 20 Walarten tummeln sich in den Gewässern rund um die Kanarischen Inseln. Grindwale, auch Pilotwale genannt, leben vor der Steilküste von Los Gigantes. Anfangs setzte das aufkommende Interesse am Whalewatching den Kolossen des Meeres zu – Ausflugsboote fuhren mit laufendem Motor direkt in die Schulen, um ihren Gästen einen besonderen Nervenkitzel zu bieten, wobei Stress und Desorientierung der Tiere in Kauf genommen wurden. Seit die Ruhezonen der Wale registriert und zum Meeresnaturpark (mit Auflagen für die Bootsführer) erklärt wurden, geht es den Walfamilien wieder besser. Auch aus einigem Abstand lassen sich die Schwergewichte mühelos erkennen. Selbst, wenn kein Wal auftauchen sollte, garantieren unterwegs Delfine die gute Laune an Bord. Ihnen bereitet es offensichtlich Vergnügen, die Boote zu begleiten und die Gäste mit ihren Sprüngen zu unterhalten.

Ab Hafen Los Gigantes:

- Die Motorboote **Isabel II** und **Feo** unternehmen längere Touren in Richtung Delfin- und Walkolonien. Der 4-Stunden-Trip kostet 30 € für Erwachsene und 15 € für Kinder.
- **Nashira uno** startet jeden Tag um 11 und 14 Uhr zu zwei Fahrten. Angesteuert werden die Delfin- und Walreviere vor der Steilküste, mit Pause am Strand von Masca (Preis: 30 € bzw. 25 €).

Piratenvergnügen und Flirten in der Dämmerung

Piratenfahrten machen Kindern ganz besonderen Spaß, wenn sie mit einem alten Schoner und entsprechend kostümiert in See stechen. Romantische Gefühle stellen sich bei den Großen eher auf einer Abendkreuzfahrt entlang der Küste ein.

- Jeden Tag um 10 Uhr legt die fast 100 Jahre alte Kogge **Nostramo** im Hafen von Playa San Juan ab. Der Piratentörn mit Badepause dauert 5 Stunden, zum Preis von 40 € für Erwachsene, 20 € für Kinder (Mittagessen und Getränke inklusive).
- Von 20 bis 23 Uhr dauert die Abendkreuzfahrt auf dem Katamaran **Royal Delfin;** Preis 35 € (einschließlich Sekt und Häppchen).

Ausflugsboote laufen von allen Häfen an der Süd- und Westküste mehrmals am Tag aus; Buchung vor Ort in den Hafenbüros. Gratisbusse der größeren Reedereien garantieren die pünktliche Anreise aus entfernteren Urlaubsorten. Die Abfahrtszeiten der Busse erfahren Sie bei der Buchung und aus Infoblättern, die bei der Touristeninformation ausliegen.

Urlaub im Landhausstil

Information/Buchung

Über das gesamte Angebot des Turismo Rural, einschließlich der Freizeitprogramme, können Sie sich im **Internet unter www.tenerife.es informieren. Warten bis die Seite sich vollständig aufgebaut hat, dann links oben Sprache anklicken, danach »Tursimo«, erneut Sprache, dann »Infrastruktur für den Fremdenverkehr« und zu guter Letzt: »Agrartourismus«.

ATTUR, Asociación Tinerfeña de Turismo Rural, vermittelt Häuser auf der ganzen Insel. C. Castillo, 41, oficina 231, 38002 Santa Cruz d. T., Tel. (00 34) 902 21 55 82 und 922 53 27 33, Fax 922 53 10 34, E-Mail: tenerife@ecoturismocanarias.com, www.canary-islands.com.

Die individuellsten Möglichkeiten, einen komfortablen Urlaub zu verbringen, bieten seit einigen Jahren private Fincas und für Gäste hergerichtete Bauernhäuser. Sie liegen meist herrlich ruhig im grünen Hinterland. Die Initiative für den Ausbau dieser besonderen Unterkünfte kam von der EU. Um traditionelle Bausubstanz zu erhalten, der Landbevölkerung wirtschaftliche Perspektiven zu bieten und somit Landflucht zu verhindern, fördert sie in ganz Europa die Restaurierung historischer Gebäude und ihre Umwandlung in Urlauberdomizile. Strenge Auflagen wie Ensembleschutz, Verwendung typischer Materialien und Handwerkstechniken müssen dabei erfüllt werden.
So erstrahlt auch auf Teneriffa eine Vielzahl erhaltenswerter Häuser wieder in neuem Glanz; innen sind sie nicht nur bequem, sondern so manches Mal geradezu luxuriös. Sie firmieren unter *Turismo Rural* – ländlicher Tourismus. Die Bandbreite reicht von kleinen, einfachen Bauernhäusern für 2–4 Personen über elegante Gutshäuser für die Großfamilie oder Urlaubsgemeinschaft bis zum anspruchsvollen Landhotel mit Reitstall und Tennisplatz.

Internationale Anbieter: Auch Reiseveranstalter wie TUI (www.tui.de) oder die Hamburger Agentur Karin Pflieger (www.la-palma-turismo-rural.de) haben Landhäuser im Programm.

Ideal für Wanderer

Zum Nationalpark Teide ist es nicht weit, und das höchste Dorf Spaniens, Vilaflor (1400 m), liegt beinahe nebenan. In wunderschöner, ruhiger Alleinlage versteckt sich das kleine Landhotel El Nogal in einem großen Garten. Es bietet 18 Zimmer mit Bad und Terrasse, dazu Pool und Liegeterrassen. Im Übernachtungspreis ist ein reichhaltiges Frühstück mit selbst gebackenem Brot inbegriffen. Auf Wunsch Vollpension mit Vollwertkost.

▮ **El Nogal,** Camino Real, La Escalona/Vilaflor, Tel. 922 72 60 50/09, Fax 922 72 58 53. Das restaurierte alte Landhaus wurde in ein kleines, feines Hotel umgewandelt. ○○

Ruhe in exklusiver Umgebung

Inmitten einer 50 000 m² großen Avodaco-Finca bei Güímar im Osten liegt das außergewöhnlich schöne Landhotel Finca Salamanca. Das ehemalige Gutshaus und seine Nebengebäude sind restauriert und edel im Kolonialstil eingerichtet. Sie beherbergen 20 Doppelzimmer sowie 4 Suiten, ein Restaurant und mehrere Salons. Im Garten lockt ein großer Pool mit Liegeflächen und nicht weit entfernt der hoteleigene Reitstall. Zum Aktivprogramm gehören Ausritte und Exkursionen.

▮ **Hotel Rural Finca Salamanca,** Ctra. Güímar–El Puertito, km 1,5, 38500 Güímar, Tel. 922 51 45 30, 922 51 35 56 (Restaurant), Fax 922 51 40 61 E-Mail: info@hotel-fincasalamanca.com, www.hotel-fincasala manca.com. ○○–○○○

Zwischen Weinbergen

In der fruchtbaren Ebene Valle de Guerra wird vor allem Wein angebaut. Von der Finca La Deseada aus hat man 5 km zum nächsten Badeplatz, Mesa del Mar (Meerwasserschwimmbecken), und 5 km nach Tacoronte. Mit Teide- und Meerblick; oberhalb des landwirtschaftlichen Anwesens beginnt ein Eukalyptuswald. Das Nebenhaus ist für 4 Personen ausgelegt, denen 2 Schlafräume, Küche, Bad, Speisezimmer, Terrasse, Garten und Tennisplatz zur Verfügung stehen. Zum Frühstück kann man Käse und Marmelade aus eigener Produktion bestellen.

▮ **Finca La Deseada,** C. Miranda 41 (Ctra. Tacoronte–Tejina bis La Caridad), 38356 Tacoronte, Tel. 922 57 03 99. Buchbar über ATTUR. ○○

Edel logiert man im **Hotel El Patio,** dem alten Gutshaus der Grafen Ponte östlich von Garachico am Meer. Von jedem der geräumigen, behaglich gestalteten Zimmer treten die Gäste auf ihre eigene Terrasse. Im Restaurant und Salon unterstreichen Antiquitäten die private Atmosphäre. Finca Malpaís El Guincho, Garachico, Tel. 922 13 32 80, www.hotelpatio.com. ○○–○○○

Strandvergnügen in Schwarzweiß

Surfen und Tauchen

▌Windsurfreviere: Für Anfänger in den Ferienorten im Süden, für alle Klassen einschließlich der Superkönner, die Strände rund um El Médano im Südosten. Dort kämpfen sogar die Profis regelmäßig um Weltcup-Punkte.

▌Tauchspots: Im Südosten, Süden, Westen und an der Nordküste. In allen Ferienorten dort gibt es Tauchschulen, die auch Tauchgänge organisieren und Ausrüstungen verleihen. Ein Anfängerkurs mit Prüfung und Zertifikat kostet etwa 300 €.

Mehr als 100 kleine und große Strände reihen sich rund um Teneriffa, etwa 30 davon sind empfehlenswerte Badeplätze. Die meisten weisen dunklen, grauen oder schwarzen Sand auf – typisch für eine Vulkaninsel, aber dennoch fremdartig. Die Gemeinden ließen deshalb an vielen Hauptstränden Sand aus der Sahara aufschütten. Der hellste, goldgelbe und zugleich längste Naturstrand liegt vor El Médano. Den fast weißen Sand für ihren Lieblingsstrand Playa de las Teresitas (bei Santa Cruz) haben die Hauptstädter ebenfalls aus der Sahara herüberschaffen lassen.

Badeplätze à la carte

▌Familienfreundlich: Alle Strände und Badeanlagen rund um die Ferienorte im Süden und Südwesten sowie nahe der Hauptstadt Santa Cruz.

▌Brandungsbaden: Bei El Médano im Südosten und im Sommer östlich von Puerto de la Cruz an der Nordküste.

▌Wellenreiten: An der Nordküste. Besonders beliebt sind die Playas **El Socorro,** westlich von Puerto de la Cruz, und **Benijo** (Achtung: Unterströmungen!) an der Küste des Anagagebirges.

Meerwasserschwimmbecken

Weil sich an der Nordküste das Meer im Winter häufig zu stürmisch für Schwimmer gebärdet, bauten die Gemeinden Meerwasserbadeanlagen. Schlichte, wie in **Punta del Hidalgo,** oder aufwändige, wie der vom bekanntesten kanarischen Künstler, César Manrique, genial mit Badeseen, Inseln und Wasserfällen gestaltete Lago Martíanez in **Puerto de la Cruz.** Weitere Becken in **Garachico, Mesa del Mar, Los Silos** (Ortsteil Parque Silva) und an der **Playa Arena** westlich von Buenavista Norte.

Blaue Flaggen

Bewertet wird die Wasserqualität, Sauberkeit des Sandes und die Pflege der Einrichtungen, z. B. der Duschen. Für besonders gute Leistungen vergibt der zuständige EU-Kommissar jedes Jahr blaue Flaggen. Im Jahr 2000 durfte **Playa de Las Américas** dreimal das begehrte Tuch hissen, am Puerto de Cólon und an den beiden neu angelegten Stränden am nördlichen Küstenabschnitt. Zu den Gewinnern gehören auch **Playa de la Arena** (im Westen), **Playa Jardín** (Puerto de la Cruz), **El Médano** und **La Arena-Mesa del Mar** (an der Nordküste).

Warnflaggen

In den Wintermonaten entwickelt der Atlantik besondere Kraft; gefährlich können neben der hohen Brandung auch Unterströmungen sein. An abgelegenen Stränden ohne Molen, Rettungswacht und Beflaggung sollten Sie besonders vorsichtig sein und im Norden in den Wintermonaten lieber auf Pools ausweichen.

- **Grüne Flagge:** keine Gefahr.
- **Gelbe Flagge:** Baden nur für geübte Schwimmer.
- **Rote Flagge:** absolutes Badeverbot.

FKK: An Familienstränden wird schon »topless« nicht gern gesehen. Wer keinen Stoff zwischen Haut und Sonnenstrahlen lassen möchte, sollte Badebuchten aufsuchen, in denen FKK geduldet wird, etwa **Los Patos** und **Los Ancos** östlich von Puerto de la Cruz, beide nur über Pfade zu erreichen, **Playa Confital** (windig) südlich von El Médano (siehe auch Seite 100).

Nicht jeder freut sich über direkte Nachbarschaft am Badelaken. Viel Platz bleibt im südlichen Abschnitt des langen Sandstrandes von **El Médano,** den man problemlos mit dem Bus erreichen kann.
Einen Tagesausflug lohnt die **Playa del Roque** mit Felsenkulisse, unterhalb von Taganana im Anagagebirge. In einer der beiden urigen Fischerkneipen legt man Ihnen nach dem Bad gern ein frisches Zackenbarsch-Filet (cherne) oder Tunfisch-Kotelett (atún) auf den Grill. Für diesen Ausflug lohnt sich ein Leihwagen, per Bus achtmal tgl. ab/nach Santa Cruz.

Teneriffa – die Vielfältige

Das Inselrelief Teneriffas vereinigt in seiner vielgestaltigen Gesamtheit fast alle Naturphänomene, die es ansonsten vereinzelt auf der einen oder anderen Insel des Kanarischen Archipels gibt, und noch mehr. Auf engem Raum umfasst der wie von Zyklopen ins Meer geschleuderte Felskoloss die gegensätzlichsten Landschaften: fruchtbare Hangtäler und Hochgebirgswüsten, tiefe Schluchten und weite Vulkankegelfelder, tropische Gärten, verwunschene Nebelwälder, verlassene Weiler, geruhsame Dörfer und pulsierende Städte.

Obgleich Teneriffa keine ausgesprochene Badeinsel mit meilenweiten, einsamen Sandstränden ist, ist dennoch für Badespaß an allen Küsten gesorgt, auch wenn dafür mit Saharasand nachgeholfen wurde. Ein unstrittiger Superlativ ist der Teide, der mitten in einem der größten Vulkankrater der Welt seinen sommers schwefel- und winters schneebedeckten Gipfel in den unverschämt blauen Himmel streckt; seit 1954 ist der Gebirgsring Nationalpark.

Wer einmal an exponierter Stelle die Nacht über die Cañadas hereinbrechen sah, wird dieses Erlebnis sein Leben lang in Erinnerung behalten. Zwar ist die Insel außerordentlich gut für den Straßenverkehr erschlossen, so dass man viele Sehenswürdigkeiten mit dem Auto erreicht, aber das Wesen Teneriffas erschließt sich dem Liebhaber der Landschaft zu Fuß.

Lage und Landschaft

Teneriffa (span. *Tenerife*) ist mit 2057 km² die größte der Kanarischen Inseln und damit etwa um ein Fünftel kleiner als das Saarland oder Vorarlberg. Die Kanaren liegen vor der Westküste Afrikas auf derselben geografischen Breite wie Marokko, politisch sind sie Bestandteil Spaniens. Der Archipel umfasst im Osten Lanzarote, Fuerteventura und Gran Canaria, im Westen Teneriffa, La Gomera, La Palma und El Hierro.

Teneriffa am nächsten liegt das knapp 30 km entfernte La Gomera im Westen. Im Südosten, etwa doppelt so weit entfernt, ragt die ebenbürtige Rivalin Gran Canaria aus dem zwischen den beiden Inseln über 2000 m tiefen Ozean hervor.

Aus dem Atlantik gewachsen

Wie alle Kanarischen Inseln ist Teneriffa auch ein Kind Plutons, des Herrschers über die Unterwelt. Während

> **Spaniens Höchster**
>
> Mit dem 3717 m hohen **Pico del Teide** besitzt Teneriffa nicht nur die höchste Erhebung des Archipels, sondern ganz Spaniens. Von seiner Spitze aus kann man bei ganz klarem Wetter den gesamten Archipel überblicken.

die vulkanische Entwicklung der östlichen Inseln vor über 20 Mio. Jahren begann, hoben sich die ältesten Gebirgsstöcke Teneriffas erst erheblich später (vor 8–12 Mio. Jahren) in mehreren Schüben aus dem Atlantik.

Bis vor 3 Mio. Jahren existierten vermutlich mit dem Anagagebirge, dem Tenomassiv und den Bergen bei Adeje und Valle San Lorenzo drei Inseln. Sie wurden erst in einem gewaltigen vulkanischen Prozess, bei dem sich das ungemein mächtige Rückgrat der Insel, die so genannte *Cumbre Dorsal,* und der riesige, zentrale Urvulkan gebildet haben, zum heutigen Teneriffa verschmolzen.

Kanarische Inseln von Peter Rothe (Borntraeger, 1996) beschreibt die Entstehung des Archipels und greift dabei auch die Frage auf, ob es je eine Landverbindung zum afrikanischen Kontinent gab.

Vermutlich hat dieser Urvulkan beim Aufwallen flüssigen Gesteinsmassen seine Kuppel nicht abgesprengt, sondern ist partiell wieder in sich zusammengesunken und hat so einen der größten Einsturzkrater der Welt zurückgelassen. Las Cañadas wird das Kraterinnere nach seinen auffälligen, flachen Zonen genannt. Einst haben die Bauern dort ihr Vieh geweidet. Der ovale Krater *(Caldera)* misst an seiner Längsachse 17 km, seine Wände erreichen vom Kraterboden aus eine Höhe von mehr als 500 m.

Vor 500 000 Jahren setzte die bislang letzte Phase des Vulkanismus auf Teneriffa ein. Zunächst warf sich der Pico Viejo aus der Senke des Urkraters auf, später der höhere Pico del Teide. Letzerer hat sich in einem abschließenden Schub noch einen schwefeligen Zuckerhut aufgesetzt. Der bislang letzte Vulkanausbruch auf Teneriffa fand 1909 am Chinyero oberhalb von Santiago del Teide statt. Seither scheint der Untergrund ruhig

Valles und Vulkane

Der vulkanische Ursprung hat der Landschaft seinen unverwechselbaren Stempel aufgedrückt. Zwischen den ausgedehnten Vulkanmassiven gibt es, abgesehen von den, wie bereits erwähnt, als Sommerweide genutzten Cañadas, nur wenige große, zusammenhängende Flächen.

Neben der Hochebene von La Laguna und dem Hochtal von Santiago del Teide sind es mehrere *Valles:* das nördliche Valle de Orotava mit seinem südlichen Pendant Valle de Güímar, Valle de Guerra im Nordosten und Valle San Lorenzo im Südwesten.

Valles auf Teneriffa sind in der Regel keine Täler im landläufigen Sinn, sondern zum Meer hin abschwingende Hangtäler, die sich als Grabenbruch zwischen den einzelnen Bergstöcken gebildet haben und teilweise

Klima und Reisezeit

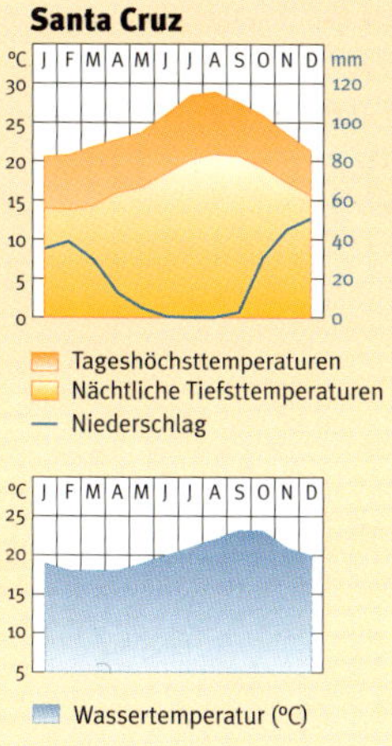

mit erodiertem Gestein aufgefüllt wurden. Da ihr Vulkanboden sehr fruchtbar ist, haben sich dort landwirtschaftliche Zentren entwickelt.

Klima und Reisezeit

Aufgrund seines über das Jahr hin relativ gleich bleibenden, frühlingshaften Klimas in Küstennähe hat Teneriffa immer Saison. Dennoch machen sich, zumal in den höheren Lagen, die Jahreszeiten und regionale Klimaunterschiede bemerkbar. Im kühleren und feuchteren Norden sorgt der Passatwind (mit 20–25 km/h) für eine vertikale Klimaskala, die grob umrissen drei Zonen kennt: das Land unter der Wolke, das Land in der Wolke und das Land über den Wolken.

Der Einfluss des Passats

»Unter der Wolke« herrscht das Jahr über ein warmes subtropisches Klima mit vielen Sonnenstunden und gelegentlichem Regen. Auch die Temperaturschwankungen zwischen Tag und Nacht betragen nur wenige Grad Celsius. Niederschläge fallen vermehrt in den Spätherbst- und Wintermonaten an, mit Schwerpunkt im November.

Das »Land in der Wolke« befindet sich in einem Bereich zwischen 500 und 1200 m über dem Meeresspiegel und ist durch eine hohe Luftfeuchtigkeit, höhere Niederschlagsmengen und auch im Sommer größere Kühle gekennzeichnet. Die Sonne scheint meist nur in den Morgenstunden. Hier wird von der Erde das Nass aufgesogen, das für die übrige Insel lebensnotwendig ist.

Das »Land über den Wolken« kennt die größten Temperaturschwankungen sowohl zwischen Tag und Nacht als auch zwischen Sommer und Winter. Im Sommer ist es tagsüber heiß und trocken, nachts kühlt es merklich ab. Im Winter zeigt das Thermometer gelegentlich Minusgrade, dabei ist es relativ trocken. Nach heftigen Schneefällen bleibt der Schnee wochenlang liegen.

Im Süden gibt es ein vergleichbares Phänomen wie das der Passatwolke

Die Vegetationszonen

1. Von der Küstenzone bis auf 600 m Meereshöhe (im Süden bis auf 1000 m) erstreckt sich die **Sukkulenten-Formation** der warmen Tiefenstufe. Hier sind Pflanzen beheimatet, die nach Bau und Oberfläche bestens geeignet sind, die sporadisch verfügbare Feuchtigkeit aufzunehmen und für lange Trockenperioden zu speichern.

Zwei einheimische Wolfsmilchgewächse sind besonders typisch: die Kandelaberwolfsmilch (*Euphorbia canariensis,* span. *Cardón),* die wie ein Säulenkaktus aussieht, und ein spanisch *Tabaiba* genannter Euphorbienstrauch, erkennbar an seinen endständigen, lanzettförmigen Blattrosetten; Trockenhänge sind übersät davon. Aus Felsspalten wachsen Semperviva *(Aeonium canariense)* mit fleischigen Blattrosetten. Von den einheimischen Bäumen gehört der Drachenbaum *(Dracaena draco,* span. *Drago)* und die eleganteste aller Palmen, die *Phoenix canariensis,* der Dattelpalme sehr ähnlich, zu dieser Zone.

2. Noch innerhalb der warmen Tiefenstufe beginnt die Formation der **Juniperus-Gehölze**. Charakterpflanze ist der Phönizische Wachol-

nur an einzelnen Tagen. Daher scheint die Sonne hier sommers wie winters mit großer Konstanz; Niederschläge haben Seltenheitswert. Wem »Sonne satt« wichtig ist, der wird sich zu jeder Jahreszeit für den Süden entscheiden. Wer lieber wandert oder gemäßigte Temperaturen vorzieht, ist besser im Norden aufgehoben. Im Winter ist es im Norden zwar kühler, aber mit 18 °C Durchschnittstemperatur nicht eben kalt. Temperaturextreme verhindert nicht zuletzt der Kanarenstrom, eine kühle Meeresströmung, die vom Golfstrom abzweigt und die Inseln umspült.

der, der im Anagagebirge kleine, *Sabinar* genannte Wälder bildet.

3. Der **Lorbeerwald** (span. *Laurisilva*), der sich im Kondensationsbereich der Passatwolke ausdehnt, ist auf den Norden beschränkt. Der Kanarische Lorbeerbaum *(Laurus azorica,* span. *Laurel)* wird bis zu 20 m hoch; der Mercedes-Wald bei La Laguna ist einer der wenigen größeren Bestände.

4. Noch im Laurisilva, und wie er auf den Norden beschränkt, beginnt die **Fayal-Brezal-Formation.** Hier dominieren zwei strauchartige Bäume: der Gagelbaum *(Myrica faya,* span. *Faya)* und die Baumheide *(Erica arborea,* span. *Brezo).* Im Anagagebirge gibt es Hügelketten, die mit diesen Baumsträuchern und entsprechendem Unterwuchs völlig überwuchert sind.

5. Zwischen 1000 und 2000 m Höhe wächst **Kiefernwald** (span. *Pinar*). Die Kanarische Kiefer *(Pinus canariensis)* trägt besonders lange Nadeln und kämmt damit die Wolken aus. Für den Wasserhaushalt der Insel ist sie von immenser Bedeutung.

6. Die **Cytisus-Formation** (span. *Escobonal*), innerhalb des Archipels nur noch auf Teneriffa und La Palma anzutreffen, wächst im Bereich des Kiefernwaldes. Ihre Hauptvertreter sind ein ginsterähnlicher Strauch mit weißen Schmetterlingsblüten *(Chamaecytisus proliferus,* span. *Escobón)* und die endemische Scheidenblättrige Zistrose *(Cistus symphytifolius,* span. *Amagante)* mit ihren rosafarbenen Blüten.

7. Die Pflanzen der **subalpinen Hochgebirgszone** finden wir jenseits der Baumgrenze, vor allem in den Cañadas. Am auffälligsten ist der Rote Teide-Natternkopf *(Echium wildpretii,* span. *Taginaste),* im Volksmund als »Stolz Teneriffas« bezeichnet, der von Mai bis Anfang Juli blüht. Besonders große Exemplare des gefährdeten Raublattgewächses werden bis zu 2 m hoch; die Blütenstände sind kerzenförmig. Ansonsten halten der wüstenhaften Trockenheit noch der weiß und rosafarbene Teide-Ginster *(Spartocytisus nubigens,* span. *Retama)* und der Teide-Codeso *(Adenocarpus viscosus)* stand.

8. Die kargste Formation besiedelt in über 2700 m Höhe die **Vulkanschuttabhänge** des Teide. Hauptvertreterin ist ein unscheinbares Veilchen *(Viola cheiranthifolia,* span. *Violeta del Teide),* das von Frühjahr bis Frühsommer blüht.

Der Drachenbaum galt den Ureinwohnern als heilig

Natur

Zimmerpflanzen, so groß wie Bäume

Wer bei sich zu Hause einen Weihnachtsstern im Blumentopf auf der Anrichte stehen hat, wird große Augen machen, wenn er auf Teneriffa durch Parks und Hotelgärten streift, wo er den Verwandten in Busch- und Baumgröße begegnet. Die einheimische und die eingeführte tropische und subtropische Flora ist eines der üppigsten Pfunde, mit denen Teneriffa im wörtlichen Sinne wuchern kann. Wie auf keiner anderen Kanarischen Insel erstreckt sich die Vielfalt der Flora über acht durch Höhenlage und Klima bedingte Pflanzenformationen (s. S. 14) mit etwa 1300 Gefäßpflanzenarten, Unterarten nicht mitgezählt. 135 Arten sind endemisch, d. h. sie kommen weltweit nur auf Teneriffa vor. Weitere 175 Arten gibt es nur auf den Kanaren; 83 Arten sind nur auf den mittelatlantischen Inseln (Azoren, Madeira, Kanaren) heimisch. Einige der Endemiten, darunter der mythische Drachenbaum, der Kanarische

Afrikanischer Tulpenbaum

Lorbeer und mehrere Farne, stammen aus dem Tertiär und sind in anderen Regionen, wie im Mittelmeerraum, nur noch als Versteinerungen auffindbar.

Sehr zu empfehlen sind das Pflanzenbestimmungsbuch **Die Kosmos Kanarenflora** (1997) und der umfangreiche **Kosmos Atlas Mittelmeer- und Kanarenflora** (2002), beide von Peter und Ingrid Schönfelder.

Die Palette der importierten Pflanzen reicht vom Feigenkaktus mit seinen stacheligen Früchten über Amerikanische Agaven bis hin zur unübersehbaren Blütenpracht der Zierbäume an den Alleen und in den Parks. Man ist fasziniert von Strelitzien, die ebenso bunt wie Papageien auftrumpfen, von Bougainvilleen, die alte Fincas überwuchern, von Hibiskus und Oleander. Feuerakazien säumen manchen Boulevard, Indischer Lorbeer (der tatsächlich ein Ficus ist) beschattet manche Plaza mitten in der Stadt, und der Duft von Eukalyptusbäumen möchte die Abgase an den Ausfallstraßen vergessen machen.

Bescheidene Fauna

Die Tierwelt Teneriffas glänzt eher im Verborgenen. Die großen Hunde, nach denen die Kanarischen Inseln benannt sein sollen (Hund = lat. *canis*), sind – falls es sie je gab – verschwunden.

Die größten Säugetiere in freier Wildbahn sind Mufflons, die 1971 im Dutzend als Attraktion für Jagdfreunde eingeführt wurden. Da ihre Zahl mittlerweile auf 200 Exemplare angewachsen ist und sie die endemische Flora des Teide-Nationalparks abweiden, werden jährlich 50 Tiere zum Abschuss freigegeben. Gejagt wird auch das Kaninchen: mit gezähmten Frettchen und mit dem Gewehr. Relativ unbehelligt bleiben einige Reptilien, um deren Harmlosigkeit hoffentlich jedermann weiß. Dazu zählen ein Gecko, die Kanaren-Eidechse und der zu den Walzenechsen gehörende Kanarenskink. Der bekannteste Vogel ist zweifellos der Kanarienvogel, ein Girlitz, der frei lebend ein eher unscheinbares, graugrünes Gefieder hat, aber ebenso variantenreich tiriliert wie sein Abkömmling im Käfig.

Beim Churros-Bäcker

Bevölkerung, Religion und Sprache

Nicht zuletzt aufgrund der mit dem Tourismus gestiegenen Verdienstmöglichkeiten ist die Bevölkerung auf Teneriffa in den vergangenen Jahrzehnten stetig angewachsen. Beim letzten Zensus (2004) zählte man exakt 799 899 Einwohner. Davon lebten knapp 60 % im Ballungsgebiet von Santa Cruz und La Laguna. Zusätzlich halten sich übers Jahr im Schnitt rund 120 000 Touristen und ausländische Langzeitresidenten primär im Südwesten und in Puerto de la Cruz auf.

Die einheimische Bevölkerung spiegelt in ihrer Zusammensetzung die Geschichte des Archipels wider. Vorherrschend sind die Nachfahren der spanischen Eroberer und der hispanisierten Guanchen, deren Ahnen in der Forschung vorwiegend als Abkömmlinge nordwestafrikanischer Berberstämme angesehen werden. Aus der Frage der Abkunft und je nach ökonomischer Opportunität werden am Stammtisch, aber auch in der hohen Politik immer wieder Forderungen

Steckbrief

Fläche: 2057 km^2
Höchster Berg: Pico del Teide (3717 m)
Entfernungen:
- nach La Gomera 30 km
- nach Gran Canaria 63 km
- nach Afrika 330 km
- nach Cádiz (Spanien) 1350 km
- nach Frankfurt/Main 3300 km

Einwohner: ca. 800 000 (in Santa Cruz d. T. 215 000, in La Laguna 134 000, in Pto. de la Cruz 30 000)
Touristen (2004): 5 Mio.
Anteil am Bruttoinlandsprodukt:
- Dienstleistungen 75 %
- Industrie 11 %
- Bauwesen 10 %
- Agrikultur und Fischfang 4 %

nach mehr oder gar absoluter Autonomie der Kanaren abgeleitet. Am irisierenden Kolorit der Alteingesessenen haben alle Handels- und Seefahrernationen Europas ihren Anteil. Unter den Minderheiten in der Bevölkerung fallen v. a. Händler und Kaufleute aus arabischen Ländern, dem Vorderen Orient, aus Afrika und Indien auf.

Die Einwohner bekennen sich mehrheitlich zum römisch-katholischen Christentum.

Amts- und Umgangssprache ist Spanisch. Wer Spanisch als Fremdsprache nur aus dem Schulbuch kennt, wird die Kanarier mit ihrem eigentümlichen Akzent anfangs nur schwer verstehen.

Die EU und die Bananenfrage

Vorwiegend im Interesse der französischen und spanischen Bananenproduzenten in der Karibik und auf den Kanaren (und einiger weiterer in den sog. AKP-Staaten) hatte die EU im Sommer 1993 eine Kontingentierung der Bananeneinfuhr aus Lateinamerika auf rund 2 Mio. Tonnen jährlich verfügt. In der EU lief vor allem Deutschland im Namen der Freiheit des Handels dagegen Sturm. Nach anfänglich erfolglosen Klagen der BRD vor dem Europäischen Gerichtshof in Luxemburg erklärte im März 1999 die WTO (Welthandelsorganisation) die Brüsseler Einfuhrregelung für handelswidrig. Die WTO-Entscheidung räumte den USA als Ausgleich für erlittene Absatzeinbußen ein, Strafzölle von 191 Mio. Dollar pro Jahr auf Einfuhren der EU zu erheben, da US-Konzerne, die mittelamerikanische Bananen (z. B. Chiquita) exportieren, als Hauptbenachteiligte galten. Daraufhin legte die EU bereits im Sommer ein Importsystem vor, das mit der WTO-Entscheidung vereinbar ist. Aber erst im Juli 2001 war der Konflikt beigelegt: Die EU lässt 2,5 Mio. Dollarbananen auf ihren Markt, während 750 000 t Bananen der AKP-Staaten zollfrei bleiben.

Unter dem Kriterium der Konkurrenzfähigkeit betrachtet, ist die kanarische Banane als Exportgut gegenüber der langen, geschmacklich eher langweiligen Südfrucht aus Mittelamerika eindeutig im Hintertreffen. Einmal liegt es daran, dass die natürlichen Produktionsbedingungen auf Teneriffa weitaus ungünstiger sind, einen größeren Arbeitsaufwand erfordern und damit höhere Kosten verursachen. Diese sind auch durch die Nähe zu Europa und dadurch mögliche geringere Frachtsätze nicht auszugleichen.

Zum anderen leben auf Teneriffa noch weitgehend traditionelle Bauernfamilien, die sich zur Existenzsicherung zu Genossenschaften zusammengeschlossen haben, vom Anbau ihrer Früchtchen, sodass der Gewinn aus dieser Arbeit europäischen Maßstäben zu genügen hat. In Mittelamerika dagegen sind viele Arbeiter gezwungen, sich zu Niedrigstlöhnen und zu teilweise menschenunwürdigen Bedingungen zu verdingen, was neben dem (durch niemanden gebremsten) profitablen Raubbau an der Landschaft ein Grund für die Billigkeit der dortigen krummen Dinger ist.

Wirtschaft und Umwelt

Vor der Kolonialisierung Teneriffas führten die Ureinwohner ein halbnomadisches Leben, betrieben etwas Getreideanbau und Ziegenaufzucht. Die Jagd mit Steinzeitwaffen und Fischfang im seichten Küstengewässer sorgten für Abwechslung wie Ausgewogenheit in der Ernährung.

Unter der Herrschaft Spaniens wurde die Inselökonomie an die Bedürfnisse des Mutterlandes angepasst. Im Lauf der Jahrhunderte löste eine Monokultur die andere ab. Einer Frühphase, in der Menschen als Sklaven, Tiere als Frischnahrung für die Schiffsbesatzungen und Färberflechten als Handelsgut erbeutet und weggeschleppt wurden, folgte die hohe Zeit des Rohrzuckers, zu dessen Raffinierung die ersten Wälder verheizt wurden. Fast drei Jahrhunderte lang hielt sich der Weinanbau, bevor ihm Mehltau und Faulschimmel für eine Weile den Garaus machten. Es schloss sich in der Mitte des 19. Jhs. der kurze Boom der **Cochenille** an. Den aus einer Schildlaus gewonnenen roten Farbstoff benutzt man heute noch zum Färben von Kosmetika, chemischen Präparaten, alkoholischen Getränken und edlen Teppichen. Die industrielle Fertigung chemischer Farbstoffe beendete das Cochenille-Fieber aber abrupt.

Seither ist eine besonders aromatische Bananensorte Hauptanbauprodukt. Bis zu 40 % der spanischen Bananen kommen von der Insel. Seit dem EG-Beitritt Spaniens kriselt das Geschäft mit den gelben Früchtchen. Deswegen bemüht man sich verstärkt um eine Diversifizierung der Produktpalette, u. a. durch Blumenzucht (Nelken, Proteen).

Politik und Verwaltung

Die Kanarischen Inseln bilden seit 1982, nachdem das Franco-Regime durch eine parlamentarische Demo-

Tourismus

Die bedeutendste Einnahmequelle ist der Fremdenverkehr, der von jährlich 30 000 gegen Ende der 1950er Jahre auf über 5 Mio. Besucher heutzutage angewachsen ist. Positiv wirkt sich dieser Zuwachs auf dem Arbeitsmarkt aus. Demgegenüber steht der Anstieg der Lebenshaltungskosten, die Zersiedelung weiter Landstriche im Küstenbereich und im nahen Hinterland, ein ständig steigender und nur mühsam zu befriedigender Bedarf an Wasser sowohl durch die gewaltige touristische Infrastruktur als auch durch die gleichzeitig intensivierte Landwirtschaft; nicht zuletzt ist die Bedrohung seltener Tier- und Pflanzenarten zu registrieren.

kratie mit einem Monarchen als höchstem Repräsentanten des Staates abgelöst wurde, eine von 17 Autonomen Regionen innerhalb des spanischen Staatsverbands.

Die althergebrachte Rivalität zwischen Teneriffa und Gran Canaria erforderte einen Kompromiss bei der Wahl des Regierungssitzes: Für jeweils eine Legislaturperiode alterniert er zwischen Santa Cruz de Tenerife und Las Palmas de Gran Canaria. Das kanarische Parlament tagt jedoch ausschließlich in Santa Cruz. Aus den ehemaligen zwei Provinzen wurden Regierungsbezirke, deren westlicher weiterhin von Santa Cruz de Tenerife aus verwaltet wird. Teneriffa selbst ist in 31 Gemeindebezirke eingeteilt.

Politisch sind die Kanaren immer für eine Überraschung gut. Nach der Rückkehr zur Demokratie blieben Forderungen nach einem unabhängigen kanarischen Archipel zunächst einer kleinen Gruppe von eher dem linken Spektrum zuneigenden Separatisten vorbehalten. 1993 entstand mit der *Coalición Canaria* ein buntscheckiges Bündnis aus Kommunisten, Nationalisten und Separatisten, die eigenständige kanarische Interesssen weder in der damaligen Regierungspartei, der sozialdemokratischen PSOE, noch in der PP, der heute regierenden konservativen Volkspartei, vertreten sahen. Bei den letzten beiden Wahlen, 1999 und 2003, wurde die CC jeweils stärkste Fraktion im kanarischen Parlament und eroberte im Inselrat Teneriffas die absolute Mehrheit. Die CC tritt auch bei den Wahlen zu den spanischen Verfassungsorganen (Parlament und Senat) an. Sie hatte es in der Vergangenheit trotz ihrer wenigen Sitze mehrfach geschafft, als Verbündete der regierenden PP kanarische Sonderförderungen durchzusetzen.

Geschichte im Überblick

Historie im Bereich der Spekulation

Nach dem heutigen Stand der Forschung erfolgt die erste Besiedlung Teneriffas bis zur Mitte des 1. Jahrtausends v. Chr.

Bei den antiken Schriftstellern Homer, Hesiod und Platon finden sich bestimmte Topoi, die gerne mit den Kanarischen Inseln in Bezug gebracht werden; in der Hesperidensage etwa bewachen Drachen auf Inseln am Ende der Welt goldene Äpfel.

Im Alten Testament spricht Hesekiel von tyrischen (d. h. phönizischen) Purpurinseln namens Elisa; Aristoteles vermerkt die Besiedlung einer menschenleeren Insel vor der Westküste Afrikas durch die Karthager.

25 v. Chr. Der von Rom ernannte König Juba II. von Numidien und Mauretanien lässt nach einem Bericht Plinius' d. Ä. die Kanaren erforschen.

Um 200 n. Chr. Ptolemäus zieht den Nullmeridian durch El Hierro als letzter Insel am Rand der Welt.

Die Kanaren werden neu entdeckt

1312 Der Zufall verhilft Lancilotto Malocello, Genueser provenzalischer Herkunft, zur Wiederentdeckung der östlichen Kanaren.

1339 Erster Eintrag zweier Kanarischer Inseln in der mallorquinischen Landkarte von Dulcert.

1341 Die Erwähnung von kanarischem Beutegut (Sklaven, Ziegenfelle, Talg u. a.) im »Manuskript des Boccaccio« zieht Raubzüge durch genuesische, katalanische, mallorquinische und baskische Seeleute nach sich.

1344 Luís de la Cerda, ein Urenkel Alfons' X. von Kastilien, wird von Papst Clemens VI. als ideellem Eigentümer gegen den jährlichen Tribut von 400 Gulden mit den Kanaren belehnt, ohne sie je zu betreten.

1391 Strafexpedition gegen die kanarische Bevölkerung, nachdem Missionare erschlagen worden waren.

Von der Eroberung bis zur europäischen Integration

1402–1406 Robert von Bracamonte, von Heinrich III. von Kastilien mit den noch unabhängigen Kanaren beschenkt, reicht das Präsent weiter an seinen französischen Vetter Jean de Béthencourt. Diesem gelingt es im Auftrag Spaniens, Lanzarote, Fuerteventura und El Hierro zu erobern.

1464 Diego de Herrera und Inés Peraza, das Herrscherpaar von Lanzarote, schließen in der Bucht von Añaza (Santa Cruz de Tenerife) einen Vertrag mit den Guanchen.

1477 Ferdinand von Aragón und Isabella von Kastilien zwingen Diego de Herrera und Inés Peraza zum Verkauf der Kanaren.

1478–1483 Die Altkanarier Gran Canarias werden unterworfen. Einer der spanischen Eroberer ist Alonso Fernández de Lugo.

1492 Christoph Kolumbus entdeckt nach einer Zwischenstation auf La Gomera Amerika; de Lugo beginnt mit der Eroberung von La Palma.

1494–1496 Nach der Niederlage von Matanza de Acentejo gelingt es de Lugo, in drei weiteren Feldzügen die von einer Pestepidemie dezimierten Guanchen niederzuringen.

1657 und 1706 Eroberungsversuche britischer Flotten scheitern.

1723 Santa Cruz de Tenerife löst La Laguna als Hauptstadt des Kanarischen Archipels ab.

1797 Admiral Nelson erleidet vor Santa Cruz die einzige Niederlage seiner Karriere (und verliert seinen Arm).

1799 Alexander von Humboldt macht auf seiner Südamerikareise auf Teneriffa Halt und besteigt den Teide.

1817 In La Laguna wird die erste dauerhafte Universität der Kanaren gegründet.

1852 Die wirtschaftliche Misere der Kanaren bewegt Isabella II., sie zur Freihandelszone zu erklären.

1912 Beschränkte Selbstverwaltungsgremien *(Cabildos Insulares)* werden auf den Inseln eingerichtet.

1927 Die Kanaren werden in zwei Provinzen aufgeteilt: Santa Cruz de Tenerife wird Hauptstadt der westlichen Provinz, Las Palmas de Gran Canaria die der östlichen.

1936 Der Spanische Bürgerkrieg nimmt von Teneriffa seinen Ausgang, da Franco als Militärgouverneur der Kanaren hier am 17. April zum Putsch aufruft.

1978 Spanien gibt sich eine demokratische Verfassung.

1982 Die Kanaren werden Autonome Region.

1986 Spanien tritt der EG bei; befristeter Kanaren-Sonderstatus.

2003 Bei den Wahlen zum kanarischen Parlament wird die *Coalición Canaria* erneut stärkste Fraktion.

2004 Das spektakuläre neue Auditorio von Santa Cruz geht in seine erste Konzertsaison.

Kultur gestern und heute

Was von den Guanchen blieb

Ein Zeitsprung in die graue Vorzeit: Von den Guanchen ist außerhalb der Museen wenig geblieben, zu beschränkt waren ihre Mittel. Der *Gofio,* ein Mehl aus gerösteten Getreidekörnern (ursprünglich aus Gerste, heute auch aus Weizen oder Mais hergestellt), geht auf sie zurück, ebenso besondere Ring- und Stockkämpfe sowie schlichte Musikinstrumente. Ihre Tonwaren stellten sie ohne Töpferscheibe her. Vermutlich wandten sie auch schon die Trockenfeldbauweise *(enarenado natural)* an, bei der man porösen Bimssteingrus aufs Feld aufträgt, um die Feuchtigkeit zu speichern. Möglicherweise terrassierten sie schon ihre Felder, vielleicht bauten sie sogar, wie man kürzlich herausgefunden haben will, flache, mehrstufige Pyramiden (bei Güímar) – Aufsehen erregende Bauwerke kennt man von ihnen freilich nicht.

In vielen naturbelassenen Höhlen haben die Ureinwohner nachweislich gehaust, zu sehen aber gibt es dort kaum etwas. Zivilisiertere Formen des Wohnens in Höhlen, die mitunter heute noch genutzt werden, finden sich im Süden bei Fasnia sowie in Chinamada im Anagagebirge.

Kanarischer Stil

Die städtischen Bürgerhäuser reicher Kaufleute, aber auch einfachere traditionelle Landhäuser zeichnen sich insbesondere durch zwei Baumerkmale aus: nach außen hin durch die stabilen **kanarischen Balkone**, die das Fassadenbild einer Straße prägen, nach innen durch einen prächtigen, blumengeschmückten Hof *(Patio)* mit Veranden aus dunklem Kiefernkernholz. Beispielhaft dafür sind die Häuser im historischen Zentrum von La Orotava. Edle **Patios** findet man auch im alten Stadtkern von La Laguna. Kanarische Balkone sind als Stilmerkmal bei öffentlichen Bauträgern heute wieder sehr beliebt, so dass auch moderne Rathäuser und Repräsentationsgebäude sich damit schmücken.

Architektur

Die stolzesten Gebäude aus der Kolonialzeit stellen die Kirchen dar. Ihre Architektur ist dennoch eher schlicht; nicht einmal in La Laguna gibt es eine wirklich majestätische Kathedrale. Im Inneren aber überrascht selbst die kleinste Dorfkirche häufig mit prunkvollen Altaraufsätzen *(retablos).* Wer die barocke Überladenheit mag und auf Einzelheiten achtet, wird, wie z. B. in Tacoronte, an manchem Retabel lateinamerikanisch beeinflusste Ornamente entdecken, die im Mutterland so kaum zu finden sind. In Garachicos Santa-Ana-Kirche kann man die Anfänge der tinerfenischen Retabelkunst studieren.

In La Laguna und Garachico fallen vergitterte Holzsöller auf, die charakteristisch für die mächtigen Klostergebäude sind. Von diesen maurisch anmutenden Auslugen *(azoteas)* aus durften weltabgewandte Mönche und Nonnen einen scheuen Blick auf das schnöde Leben der geschäftigen Straße wagen.

Typisch kanarischer Balkon

Wer ein Faible für Jugendstilgebäude hat, sollte sich in die Hauptstadt aufmachen. Im Rambla-Viertel von Santa Cruz findet man noch schöne Vertreter dieser Epoche, während im Geschäftsviertel einige Fin-de-siècle-Gebäude der Moderne bereits weichen mussten.

Brauchtum

Zum althergebrachten Brauchtum bekommt der Besucher kaum Zugang, es sei denn in einer auf den vermeintlichen Geschmack des Touristen getrimmten Form. Nicht im Verborgenen spielen sich dagegen der abendliche Paseo ab, bei dem man sich die Sorgen des Alltags von der Seele redet oder nach potentiellen Partnern Ausschau hält, und die zahlreichen dörflichen Feste (s. S. 26).

Ein Dorffest auf Teneriffa ist eine mehrtägige und zugleich nächtelange Angelegenheit. Ausgangspunkt ist in der Regel ein religiöser Anlass, zu dem eine Heiligenfigur – meist der Patron des Ortes – in feierlicher Prozession durch den Sprengel getragen wird. Böllerschüsse begleiten den Umzug, auch Feuerwerksspektakel dürfen nicht fehlen. Gut besuchte Messen lassen zwar noch den sakralen Charakter der Veranstaltung erkennen, den populären Höhepunkt des dörflichen Festes bilden jedoch Rummel und Tanz auf dem mit bunten Wimpeln und ebensolchen Glitzergirlanden geschmückten Kirchplatz. Ab Mitternacht tanzen Jung und Alt auf der Plaza Merengue, Cumbia und Salsa. Die lateinamerikanischen Rhythmen kamen mit Rückwanderern aus Venezuela und Kuba auf die Kanaren.

Kunsthandwerk

Das bekannteste Handwerksprodukt der Insel ist die **Vilaflor- oder Teneriffa-Spitze** *(Roseta)*. Sie wurde bereits im letzten Jahrhundert in alle Welt versandt. Trotz der Konkurrenz durch maschinelle Fertigung wird sie auch heute noch von meist älteren Frauen in Vilaflor, La Escalona, Arona, Valle San Lorenzo, San Miguel und Granadilla hergestellt. Das gebräuchlichste Grundmuster ist, wie der spanische Name bereits verrät, eine hauchzarte, in vielen Varianten gestaltete Rosette. Aus mehreren Rosettenformen werden Deckchen bis zu Tischplattengröße gefertigt. Besonders wertvolle »Spitzenerzeugnisse« sind handgearbeitete Umhänge und Mantillas, mit deren Produktion die Frauen oft jahrelang neben ihrem normalen Tagewerk beschäftigt sind.

Weit verbreitet ist die **Hohlsaumstickerei** *(Calados)*, die gitterartige Effekte erzielt. Vor allem in den Orten entlang der Nordküste von Victoria de Acentejo bis nach Buenavista werden große Tücher in dieser Technik hergestellt. In La Orotava werden junge Frauen geschult, damit dieses traditionelle Handwerk nicht untergeht. Im Süden ist in den Orten Fasnia, Granadilla, Chimiche und El Escobonal ein *arañón* genanntes Muster beliebt.

Im Plastikzeitalter hat es die Töpferei schwer. Nur noch in La Victoria de Acentejo und Arguayo werden **keramische Gefäße** auf herkömmliche Weise hergestellt. Darüber hinaus gibt es in Santa Cruz de Tenerife ein Beschäftigungsprogramm, das es sich zum Ziel gesetzt hat, die einst von den Guanchen gepflegten Techniken neu zu beleben: Töpfern ohne Töpferscheibe im Centro Ocupacional San José Obrero (Calle Marisol Marín, 5).

Rätselhafte Guanchen

Die Ureinwohner Teneriffas galten als die stolzesten und gefürchtetsten unter den kanarischen Inselbewohnern. Sie waren Steinzeitmenschen, die ihre Toten einbalsamiert in Höhlen zur letzten Ruhe betteten. Aus den Mumienfunden hat man auf eine Herkunft aus dem nordwestlichen Afrika geschlossen, ebenso aus den wenigen Sprach- und Schriftresten, die die Unterwerfung der Guanchen durch die Spanier überdauerten. Ein vor wenigen Jahren gefundener, bearbeiteter Stein trägt Schriftzeichen, die man als »Z(a)n(a)t(a)« gedeutet hat und die auf einen Berberstamm gleichen Namens hinweisen; eine endgültige Klärung steht noch aus. Ebenso gibt es nur Spekulationen darüber, wie die Guanchen überhaupt auf die Inseln kamen. Europäische Berichte konstatieren nämlich fast ausnahmslos, dass die Ureinwohner keine Schifffahrt kannten. Es mutet seltsam an, dass nicht einmal zwischen Teneriffa und dem nahen La Gomera eine Verbindung bestanden haben soll. Ein Rätsel bleibt auch, warum die Guanchen in der Steinzeit verharrten, obwohl Phönizier, Punier und Römer der Insel regelmäßige Besuche abstatteten.

Eine Legende der Guanchen erklärt den Ursprung der Herrschaftsverhältnisse: Gott schuf die Menschen (*guan* heißt nichts anderes als Mensch) und stattete sie mit Ziegenherden aus. Nach einer Weile machte sich eine Gruppe von Leuten bemerkbar, die der Allmächtige offensichtlich bei der Zuteilung übersehen hatte. Da er sich wohl schon in Feierabendlaune befand, trug er den zu kurz Gekommenen auf, die anderen zu bitten, ihnen von ihren Gütern abzugeben. Diese jedoch geizten mit ihrer Nächstenliebe und verlangten ihrerseits Gehorsam und Dienstbarkeit. Von da an gab es Herren und Knechte. – Forscher, die naturgemäß hinter die Mythen blicken, sehen in dieser Schöpfungsgeschichte einen Hinweis auf eine zweite Einwandererwelle.

Dort, wo Teneriffa seinen ländlichen Charakter am deutlichsten bewahrt hat, ist noch immer die **Korbflechterei** zu Hause. Neuerdings wird in kleineren, malerischen Orten wie Masca und Taganana, die Tagesausflügler anziehen, wieder verstärkt geflochten. Niedliche Minikörbchen fürs Regal zu Hause werden gern als Souvenir gekauft.

Musikalische Folklore

Die etwas bodenständigere Folklore steht zwar etwas abseits, erfährt aber durch die eher zufällige Allianz von Betreibern des Tourismus und den Befürwortern einer besonderen kanarischen Identität eine Art Renaissance. So bereisen Trachten- und Musikgruppen die Insel und führen bei Fiestas, Musikwettbewerben, landwirtschaftlichen Messen, Heimatabenden etc. ihr Können vor.

Dazu gehören Tänze wie die getragene *Malagueña* aus dem 18. Jh. oder die jüngere, fröhliche *Berlina,* heitere Weisen *(Folía, Saltona* und *Seguidilla)* und volkstümliche Lieder im Dreivierteltakt *(Isa)*. Der Gesang ist häufig rau und kehlig; begleitet wird vorwiegend mit Saiteninstrumenten. Das charakteristischste darunter, eine viersaitige Laute, heißt *Timple;* die kleine Gitarre mit einem buckeligen Resonanzkörper wird scherzhaft auch *Camelillo* (»Kamelchen«) genannt.

Echte kanarische Volksmusik pflegt die renommierte Gruppe **Sabadeños,** deren MCs und CDs man in Buch- und Schallplattenläden bekommt.

Die wichtigsten Feste übers Jahr

- **Januar:** Am Vorabend des 6. Januar **Einzug der Heiligen Drei Könige** in den Städten. Am nächsten Morgen findet die in anderen Ländern an Weihnachten gebräuchliche Bescherung in den Familien statt.
- **Ende Februar/Anfang März:** Der **Karneval** tobt besonders in den Städten Santa Cruz und Puerto de la Cruz.
- **Ende März/April:** In allen Orten **Umzüge in der Karwoche** *(Semana Santa),* insbesondere am Karfreitag. Am eindrucksvollsten sind die Prozessionen in La Laguna.
- **Mai: Maifest** in Santa Cruz am Monatsanfang.
- **Juni: Fronleichnamsprozessionen** mit Teppichen aus Blüten und verschiedenfarbigen Vulkanerden, besonders aufwändig und sehenswert in La Orotava.
- **Juli:** Zahlreiche **Feste zu Ehren des jeweiligen Ortspatrons** (z. B. in Puerto de la Cruz und La Laguna).
- **August:** 14./15. Aug. – **Wallfahrt zur Schutzpatronin des Archipels** in Candelaria; 16. Aug. – **Romería de San Roque** in Garachico; am 25. Aug. wird in Santa Cruz der **Gedenktag der Schlacht gegen Lord Nelson** (1797) begangen.
- **September: Festival des Drago Milenario** in Icod de los Vinos; **Fiesta del Santísimo Cristo** in La Laguna und Tacoronte.
- **Dezember:** Am 24. **Christmette** mit anschließendem Feuerwerk in allen Gemeinden; am 31. **Silvesterfeiern** mit Feuerwerken.

Essen und Trinken

Wie überall, wo sich große Besucherscharen einfinden, läuft das gastronomische Geschäft zweigleisig. Die Mehrzahl der Restaurants rechnet mit der Masse und bietet eine vermeintlich internationale Küche zu knapp kalkulierten Preisen. Die wenigen anderen setzen auf den gehobeneren Geschmack und die größere Zahlungsfähigkeit. Man spezialisiert sich meist auf eine bestimmte nationale Küche, einige wenige auch auf die kanarische. Wer echt kanarisch essen will, kommt fast nicht umhin, sich im Hinterland umzutun.

In Spanien isst man später: mittags zwischen 14 und 16 Uhr, abends zwischen 21 und 24 Uhr.

Schon der Name zergeht auf der Zunge: Crema de Banana

Echt kanarisch: Puchero

In der Regel ist die kanarische Küche auf kräftige, herzhafte Mahlzeiten fixiert. Als Prototyp kann der *puchero* gelten. Bei diesem Eintopfgericht werden bis zu sieben Sorten Fleisch (vom Rind, Schwein, Hammel und Huhn) mit Tomaten, Karotten, Zwiebeln, Kichererbsen und Salz gekocht und in der Brühe anschließend einzeln Weißkohl, Kürbis, Maiskolben, Bohnen, Süßkartoffeln und Ignamen (vorgekochte Tarowurzeln) gegart. Gewürzt wird mit Knoblauch, Pfeffer, Nelken und Öl. Am Schluss kommt alles mit Safran versehen in einen Topf, wobei man, um einen deftigen Geschmack zu erzielen, ein Stück Pökelfleisch und einen Zipfel *chorizo* (Paprikawurst) hinzufügt. Zum Fleisch und Gemüse isst man kleine, in der Brühe von Hand geformte *Gofio*-Bällchen. Zuletzt wird die gut durchgezogene Brühe ausgelöffelt.

Kaninchen mit Papas arrugadas und Mojo

Das Kaninchen wird in einer Marinade aus Knoblauch, Petersilie, Oregano, Thymian, Paprika, Pfeffer, Salz, Öl und Essig über Nacht eingelegt und dann in einem Keramiktopf über dem Holzfeuer geschmort. Es wird dabei mehrfach mit Wein besprengt.

Standardbeilage sind *papas arrugadas,* ganze Kartoffeln, die langsam

Mesón El Drago

Ein gutes Beispiel für kreative kanarische Küche vom Feinsten ist dieses inselweit bekannte Restaurant in Tegueste/Urbanización San Gonzalo, an der Carretera El Socorro, 12–13 (Tel. 922 54 30 01, Di–So 13–16 Uhr, Fr/Sa auch 20–23 Uhr, im Aug. geschl.; reservieren! ○○).

in Salzwasser gegart werden, bis sie eine weiße Salzkruste bekommen. Jedes Restaurant, das auf sich hält, serviert dazu seine eigene scharfe Tunke, genannt *mojo*. Auf der Basis von Knoblauch, Paprika, Peperoni, Öl und Essig entstehen die Variationen durch Hinzufügen von Kräutern und Gewürzen. Mit Petersilie oder Koriander erhält man grünen Mojo *(mojo verde)*, mit Safran, zerstoßenem Kümmel und Chili roten *(mojo rojo* oder *colorado)*.

Frischer Fisch

Neben Seehecht *(merluza)* und Seezunge *(lenguado)* ist ein karpfenähnlicher Meeresfisch, die *vieja*, typisch für Teneriffa. Für den Fischeintopf *sancocho* nimmt man in der Regel einen Trockenfisch, den man zusammen mit Süßkartoffeln, Zwiebeln und Knoblauch gart.

Zum Nachtisch Süßes

Nach dem Essen wird gerne Süßes serviert. Es bieten sich an: *turrón de gofio*, eine Süßspeise aus Mandeln, Honig, Mais und Feigen, *bienmesabe*, eine dicke Creme aus Eiern und Mandeln, oder *frangollo*, eine Süßspeise aus Mais und Milch.

Getränke

Nach dem Essen regt ein *café solo*, ein Espresso, die Verdauung an. Etwas milder ist der *café cortado*, Espresso mit Milch; *café con leche* heißt der eigentliche Milchkaffee. Filterkaffee *(café alemán)* ergänzt in Ferienorten das spanische Programm.

Die Schlager unter den Spirituosen sind ein in Tejina hergestellter Bananenlikör sowie ein süßer Honigrum *(ron miel)*. Die Inselweine heimsen zunehmend nationale Preise ein dank verbesserter Qualität. Breiten Zuspruch findet auch das bekömmliche, süffige kanarische Bier.

Zum Durstlöschen bieten sich ein gutes Mineralwasser aus Vilaflor und frische Fruchtsäfte aller Sorten an. Unter den Milchmixgetränken ist ein hellgrüner, cremiger *batido de aguacate* (»Avocadomilch«) hervorzuheben. Batidos können aus frischen Früchten oder aus Eis hergestellt sein.

Die neuen Weine

Die Anstrengungen der Winzervereinigung Tacoronte-Acentejo haben sich gelohnt – ihre Weine dürfen das Qualitätssiegel einer geschützten Herkunft tragen. 1993 wurden erstmals ausgewählte Weine in Puerto de la Cruz anlässlich einer allgemeinen Weinprobe und Verkaufsmesse der Öffentlichkeit vorgestellt. Mittlerweile haben es ihr fünf weitere Weinbaugebiete erfolgreich nachgemacht.

Die Weine sind fast immer eine Mischung aus zwei oder drei Rebsorten. Bei den Weißweinen handelt es sich meist um eine Zusammensetzung aus *Listán Blanco*, *Malvasía* und *Gual*, bei den roten um eine aus *Listán Negro* und *Negramoll*. Nur der Rosé ist *Listán Negro* pur. Die Listán-Reben sorgen für Substanz und Rückgrat des Weines, die zugesetzten anderen Tröpfchen für die Geschmacksnote.

Urlaub aktiv

Wandern

Wer organisiert wandern möchte, hat mehrere Möglichkeiten. Die Verwaltung des Teide-Nationalparks gibt zweimal wöchentlich eine kostenlose Einführung in Fauna und Flora, verbunden mit einer Wanderung bzw. einer Busfahrt durch die Cañadas (Anmeldung beim Besucherzentrum, El Portillo, oder unter Tel. 922 29 01 29).

Unter dem Motto »Wandern mit Gregorio« bietet das Hotel **Tigaiga** in Puerto de la Cruz unterschiedlich schwere Touren an (Tel. 922 34 85 00, www.gregorio-teneriffa.de). In Puerto werden außerdem Touren vom österreichischen Bergführer Helmut (Hotels **Chiripa** und **El Tope,** Tel. und Fax 922 38 25 90) und von **Timah** (im Hotel Floridita, Tel. 619 97 76 30) durchgeführt. Timah ist auch in Adeje (C. Tinerfe e. G., 3, Tel. 922 71 02 42, Fax 922 71 07 08) erreichbar.

Nicht nur Wanderungen, sondern auch Biketouren veranstaltet **DIGA-Sports** in Playa de Las Américas, Av. R. Puig, 23 (Hotel Park Club Europe), Tel. 922 79 30 09, Fax 922 17 68 37, www.diga-sports.de. Preisgünstig – mit Anfahrten im öffentlichen Bus – ist **Heidis Wanderclub** in Pto. de la Cruz, Tel. 922 38 83 55, Mobil 626 85 47 47, www.heidis-wanderclub.de. Von El Médano aus startet **Juliane Heßbrügge** zu Wanderungen. Mobiltel. 609 53 75 13, www.wanderjule.com. Infos auch im Hotel Playa Sur.

Segeln

Segler mit eigenem Boot haben verschiedene Häfen zur Auswahl: Sporthäfen in Radazul (Tel. 922 68 05 50) und Los Gigantes (Tel. 922 86 06 30), Häfen mit Ankerplätzen in Santa Cruz (Tel. 922 59 12 47), Los Cristianos (Tel. 922 79 11 63) und Playa de Las Américas (Tel. 922 71 42 11).

Tauchen

Tauchschulen findet man vor allem im Südwesten, aber auch im Norden. Interessierte können sich in Playa de Las Américas an **Gruber's Diving Center** wenden (Tel. 922 75 27 08, Fax 922 79 64 24, www.dive-teneriffa.com) oder an Heinz Scheffler, Diving Center **Barakuda Club**, Hotel Paraíso Floral (Tel./Fax 922 74 18 81, www.diving-tenerife.com), Playa Paraíso.

Bei Garachico: **Argonautas,** Tel. 922 83 02 45, www.argonautas.org.

An der Küste bei Los Realejos: **Tauchschule Atlantik** im Hotel Marítim (Tel./Fax 922 36 28 01).

Über das gesamte Sportangebot von Teneriffa informiert die Website **www.tenerife.es** (oben links Sprache anklicken, dann »Turismo«, abermals Sprache, schließlich Sport).

Ringen nach uralten Regeln, das ist die Lucha Canaria

Weitere Aktivitäten

Wer sich für **Windsurfen** und **Paragliding** interessiert, findet Hinweise unter El Médano (s. S. 92) bzw. Güímar (s. S. 53). Erstklassige **Golfplätze** bei Las Galletas (s. S. 93), Playa de Las Américas (s. S. 53) und bei Buenavista del Norte (s. S. 57). **Reiter** finden bei La Orotava herrliches Gelände, Adressen unter www.tenerife.es.

Lucha Canaria

Als ein sehr männlicher, dabei sehr fairer Sport gilt dieser bei den Einheimischen äußerst beliebte Ringkampf. Es treten zwei Teams von je zwölf Einzelkämpfern gegeneinander an. Die Kämpfe haben in der ersten Jahreshälfte Saison, finden aber auch anlässlich von Festen statt. Auskunft gibt die Federación Tinerfeña de Lucha Canaria in La Laguna, Tel. 922 25 14 52; Showkämpfe jeden Sonntag ab 11 Uhr im Hotel Tigaiga, Puerto de la Cruz.

Unterkunft

Hotels und Appartements

Der Bauboom im Hotel- und Ferienwohnungsbereich hält auf Teneriffa seit Jahren an. Unterkünfte, vor allem der mittleren und gehobenen Kategorie, gibt es also in großer Zahl. In der Regel sind sie auf den Pauschaltourismus ausgelegt und werden über das Reisebüro mit dem Flug im Paket gebucht. Für Individualreisende ist die Auswahl an Unterkünften in der Hochsaison also erheblich eingeschränkt. Unterkünfte abseits der Ferienstädte sind häufig Anlageobjekte oder Zweitwohnungen, an die man über private Annoncen in hiesigen Zeitungen kommt.

Bei den Spanischen Fremdenverkehrsämtern (s. S. 100) ist ein Verzeichnis der Unterkünfte erhältlich, online informiert www.tenerife.es.

Die spanischen Kategorien für Hotels, Pensionen und Appartements berücksichtigen nur die Ausstattung, nicht Atmosphäre und Service.

Turismo rural

Seit die Welle des »sanften Tourismus« auch nach Teneriffa geschwappt ist, bemühen sich eine Reihe von Organisationen um Unterkünfte in schön hergerichteten Häusern auf dem Land.

Neben **ATTUR** in Santa Cruz (s. S. 8) vermitteln Feriendomizile die Unternehmen **Aecan** (Calle Villalba Hervas 2, 3. Etage, 38003 Santa Cruz, Tel. 922 24 81 14, Fax 922 29 80 78, www.aecan.com); **Aricotour** (Ctra. General, 11, 38580 Arico, Tel./Fax 922 16 11 33); im Süden **Comarca Chasna Isora** (Tel./Fax 922 77 03 62, www.tenerifesurturismorural.com).

Reisewege und Verkehrsmittel

Anreise

Mit dem Flugzeug: Einen Flug in der Hauptsaison muss man bis zu 6 Monate im Voraus buchen. Tenerife Sur-Reina Sofia (City-code TFS), 60 km südlich der Hauptstadt, ist internationales Drehkreuz.
Im Linienverkehr wird Teneriffa mehrfach wöchentlich von deutschen Flughäfen, aber immer über das spanischen Festland angeflogen. Auskünfte über Reisebüros, www.lufthansa.de oder www.iberia.es.
Nahezu alle deutschen Charterfluggesellschaften fliegen Teneriffa an. Außerhalb der Saison sind Flüge zum Schnäppchenpreis zu ergattern. Es lohnt sich, die Internetseiten regelmäßig zu durchforsten: www.ltu.de, www.hapagfly.com, www.thomascook.reisen.de oder www.billig-flieger-vergleich.de/billigflieger.

Per Schiff: Von Cádiz in Südspanien verkehren Fähren der **Compania Trasmediterránea.** Fahrpläne und Preise sind im Internet abrufbar unter www.trasmediterranea.es. Generalagent in Deutschland ist: DER TRAFFIC – Schiffsservice, Emil-von-Behring-Str. 2, 60439 Frankfurt, Tel. 0 69/958 85 80-0, Fax 0 69/95 88 17 69, www.ocean24.de. Weitere Auskünfte und Buchung in den Reisebüros.

Unterwegs auf der Insel

Mit dem Bus: Ein engmaschiges öffentliches Busverkehrsnetz überzieht die Insel. Fahrzeuge von **TITSA** steuern alle bedeutenderen Orte mehrmals am Tag an. »Bonotickets« ermöglichen Einsparungen bis zu 50 %. In der jeweiligen **Estación de Guaguas** (Busbahnhof) von Santa Cruz, Puerto de la Cruz, La Laguna und Playa de Las Américas erhält man kostenlos Fahrpläne, Regionalfahrpläne bei den Touristinformationen.

Mit dem Taxi: Taxifahren ist relativ preiswert. Je nach Tageszeit und Gemeinde müssen Sie mit 1,50–2.40 € Grundpreis und 0,40–0,45 € pro Kilometer rechnen. Bei Überlandfahrten lässt man sich vorher die Liste mit den Festpreisen zeigen.

Mit dem Mietwagen: Bei den internationalen Verleihern (Avis, Hertz, Europcar) kann man zu Hause vorbuchen. Wer die Konkurrenz vor Ort ausnutzen will, sollte in Puerto de la Cruz oder in Playa de Las Américas mit den kleineren Anbietern verhandeln. Bei einer Mietdauer von einer Woche werden günstige Pauschalen ab 140 € angeboten.

Es besteht Anschnallpflicht; Promillegrenze: 0,5. Abschleppen von privat ist verboten, das Mitführen eines zweiten Warndreiecks und einer reflektierenden Weste Vorschrift. Falschparkern droht Abschleppen und hohes Bußgeld!

Ausflüge zu den Nachbarinseln

Mit dem Flugzeug: Mehrmals täglich bedienen Flugzeuge der Grupo Iberia den Verkehr zwischen den Kanarischen Inseln. Auskünfte in jedem Reisebüro oder unter www.iberia.es.

Per Schiff: Mehrere Fährunternehmen verkehren zu den Nachbarinseln. Infos in Reisebüros sowie im Internet: www.trasmediterranea.es, www.fredolsen.es, www.navieraarmas.com, www.garajonayexpres.com.

Karte Seite 35

Santa Cruz de Tenerife

Metropole mit einem Hauch Provinzialität

Wer die immer gleiche Abwechslung in den touristischen Ballungsorten bis zur Neige ausgekostet hat, verspürt möglicherweise bald Lust auf ein Stück städtischen Lebens, das nicht für ihn inszeniert worden ist, sondern das die schlichte Normalität einer Metropole widerspiegelt.

Von einem schmalen Küstenstreifen südlich des Anagagebirges aus hat sich die Stadt Santa Cruz de Tenerife (215 000 Einw.) die graugrünen Hügel ins gezackte Hinterland hoch gearbeitet und ist an einigen Stellen bereits mit La Laguna, der einstigen Kapitale auf der Hochebene von Aguere, zusammengewachsen. Das Zentrum von Santa Cruz de Tenerife ist eine sehenswerte Mischung aus alten, gewachsenen Stadtvierteln, in denen einige wenige verbliebene Jugendstilkleinode Glanzlichter setzen, aus Einsprengseln moderner Architektur, die nicht immer das Auge verwöhnt, verkehrsreichen, von einer (sub)tropischen Flora gesäumten Boulevards und Ramblas, erquickenden Parks und dekorativen Plätzen. An den Rändern entstanden wenig anheimelnde Neubauviertel, daneben haben sich Gewerbegebiete breit gemacht. Seit der weltweiten Rezession und dem Bau von Ozeanriesen, die nicht mehr so häufig bunkern müssen, ist es im Herzstück der Stadt, dem Hafen, et-

Karneval in Santa Cruz

Unter Franco war er offiziell verboten und wurde nur als zahnlose Winterschlussfiesta mit Kostümvorschriften und unter politischen Auflagen durch das Hintertürchen wieder zugelassen. Seit den 1980er Jahren boomt der kanarische Karneval und hat sich zu einem der glanzvollsten Faschingsspektakel in Europa entwickelt. Vorbild ist Rio de Janeiro. Monatelang bereitet man sich vor, und vier Wochen lang halten dann fast ohne Unterbrechung Samba- und Salsaklänge die Fieberkurven oben.

Jedes Jahr steht der Karneval unter einem neuen Motto. 2004 war der Erinnerung an die im Vorjahr verstorbene Sängerin und Salsa-Königin Celia Cruz gewidmet, die ihrem Publikum mit dem legendären Ruf »azúcar« einzuheizen pflegte; sie war eine – keineswegs graue – Eminenz des Karnevals.

Die Höhepunkte des Festes im ewigen Frühling sind die prunkvolle Wahl der Karnevalskönigin, die Umzüge *(coso)* in Santa Cruz de Tenerife am Faschingsdienstag, in Puerto de la Cruz am Wochenende darauf und dazwischen das krokodilstränenreiche Begräbnis einer riesigen (Pappmaché-) Sardine, die schließlich auf der Plaza de España abgefackelt wird. Und natürlich die frenetischen Tänze auf den Straßen und Plätzen der Stadt! Bis zu 20 000 Menschen beteiligen sich aktiv am Umzug, die Zahl der Zuschauer erreicht das Zehnfache.

Kart Seit 35

An der geschäftigen Plaza de la Candelaria trifft man sich in Straßencafés

was ruhiger geworden, aber das Geschäftsleben in der Castillo und den umgebenden Straßen pulsiert wie eh und je.

Geschichte

Der Küstenstreifen, an dem das heutige Santa Cruz de Tenerife liegt, war Einfallstor und Brückenkopf der spanischen Eroberer. Alonso Fernández de Lugo errichtete 1494 ein Fort am Strand, von dem aus er seine Eroberungszüge ins Hinterland unternahm. Zwei Jahre später, nachdem die Guanchen endgültig unterworfen waren, gründete er hier die Stadt Santa Cruz. Sie entwickelte sich als Stützpunkt im interkontinentalen Handel zwischen Europa, Afrika und Amerika und lief allmählich den anderen Häfen der Insel den Rang ab. 1723 löste sie La Laguna als Hauptstadt Teneriffas ab und avancierte knapp hundert Jahre später zur Kapitale des gesamten Archipels. Das königliche Privileg von 1778, Handel mit Amerika treiben zu dürfen, erschloss den Kaufleuten von Santa Cruz neue Einnahmequellen. Drei britische Versuche, die strategisch bedeutende Stadt zu erobern, schlugen fehl; drei Löwenköpfe im Stadtwappen erinnern an diese Scharmützel.

1927 wurden die Kanaren in zwei Provinzen aufgeteilt, und Santa Cruz wurde Hauptstadt der neuen Westprovinz mit Teneriffa, La Palma, La Gomera und El Hierro. Nach dem Ende der Franco-Diktatur wurde der gesamte Archipel in eine Autonome Region *(Comunidad Autónoma)* umgewandelt und die Hauptstadtfunktion Santa Cruz de Tenerife und Las Palmas de Gran Canaria gemeinsam zuerkannt. Der Regierungspräsident wechselt daher alle vier Jahre die Stadt, während das Parlament ständig in Santa Cruz residiert. Santa Cruz ist außerdem Hauptstadt von Teneriffa selbst.

Nicht nur Kindern bereitet eine **Stadtrundfahrt mit der Bimmelbahn** Vergnügen: Jeden Tag fährt ab 10 Uhr zur vollen Stunde ein kleiner Zug an der Plaza de España los.

Karte Seite 35

Rundgänge

Ausgangspunkt für die Rundgänge ist die **Plaza España.** Obwohl Bauarbeiten zur Zeit den Zugang etwas einschränken, ist sie von außerhalb gut zu erreichen, und ihre Tiefgaragen bieten ausreichend Parkraum. Zusammen mit der **Plaza de la Candelaria** verkörpert sie gleichsam die »gute Stube« der Stadt.

Weg 1

Rund um die Plaza de España

Der alte Stadtkern von Santa Cruz de Tenerife stellt sich bei einem großzügigen Umgang mit den Begriffen der Geometrie als ein zum Meer hin offenes Halbrund dar. Es wird von der Rambla del General Franco und den sich im Westen anschließenden Straßen eingerahmt. In seinem Mittelpunkt, auf der Plaza de España, steht das **Monumento de los Caídos ❶**, das zu Ehren der auf Francos Seite im Spanischen Bürgerkrieg (1936–39) Gefallenen errichtet wurde. Das Kernstück des Kriegerdenkmals ist als Aussichtsturm konzipiert; im Sockel verbirgt sich eine kleine Gedächtniskapelle. Seit das Denkmal mehrmals das Ziel von Anschlägen kanarischer Separatisten war, ist der Turm geschlossen.

An der Südseite des Platzes drängt sich der **Palacio Insular ❷** mit seinem aufs Eck gesetzten Uhrturm mächtig ins Bild. Das repräsentative Gebäude ist Tagungsort des Inselrates und beherbergt das Fremdenverkehrsamt *(Oficina de Turismo)*. Ein Glasfenster im Aufgang des Palacio Insular zeigt das Wappen Teneriffas. Im in der Regel nicht zugänglichen Sitzungssaal *(Salón de Actos)* bedecken mythisch überhöhte historische Darstellungen von José A. García Aguiar die Wände, gemalt in der Art mexikanischer Muralisten (eine sozialkritisch inspirierte Malerbewegung Anfang des 20. Jhs.). Ein Glockenspiel im Uhrturm intoniert eine kanarische Volksweise, genannt *Tajaraste*. Ähnlich monumental ausgefallen ist auch das Hauptpostamt an der Plaza de España.

Iglesia Nuestra Señora de la Concepción ❸

Auf der Avenida de Bravo Murillo, die zu vorgerückter Stunde mit der meerseitigen Avenida de José Antonio Primo de Rivera den hauptstädtischen Straßenstrich bildet, gelangt man zur ältesten Kirche der Stadt. Sie wurde 1502 erbaut, fiel aber genau 150 Jahre

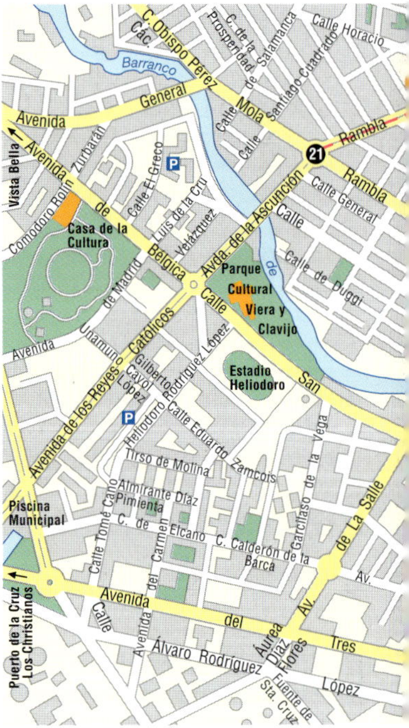

Karte Seite 35

später einem Brand zum Opfer. Als äußerlich schlichte Barockkirche wurde sie aus dunklem Basalt neu errichtet und mit einem Turm versehen, dessen achteckiger Aufsatz als Ausguck zum Ausspähen feindlicher Schiffe und zum Erkennen von Bränden diente. Die freiliegenden, unverputzten Mauerkanten sind ein häufiges Schmuckmerkmal kanarischer Bauten. Dem Eingang ist eine balkonumkränzte Halle vorgelagert.

Im Innern des niedrigen, fünfschiffigen Gotteshauses zieht der prunkvolle Hochaltar zu Ehren der Unbefleckten Empfängnis Mariens die Aufmerksamkeit auf sich. Neben den reich bemalten und kunstvollen Deckenkonstruktionen verdient das fein geschnitzte Chorgestühl Beachtung.

Weg 1

1. Monumento de los Caídos
2. Palacio Insular
3. Nuestra Señora de la Concepción
4. Museo de la Naturaleza y el Hombre
5. Mercado de N. S. de África
6. Teatro Guimerá
7. Centro de Fotografía
8. Parque del Príncipe de Asturias
9. Kanarische Sparkasse
10. Museo Municipal
11. San Francisco

Weg 2

12. Plaza de la Candelaria
13. Parlamento de Canarias
14. Casa Elder
15. Gobierno Civil
16. Rathaus (Ayuntamiento)
17. Plaza 25 de Julio
18. Casa Quintero
19. Parque Municipal García Sanabria
20. ehem. Stierkampfarena
21. Plaza de la Paz

Karte Seite 35

Im Mercado de Nuestra Señora de África baden die Sinne

Diskurs unter Männern

Der geschichtlich interessierte Besucher findet in der **Herz-Jesu-Kapelle** das Kreuz, das der Eroberer Alonso Fernández de Lugo zum Zeichen der Inbesitznahme der Insel in den Strand von Añaza (so nannten die Guanchen das Gebiet von Santa Cruz de Tenerife) pflanzte und von dem sich der Name der Stadt ableitet. Der Boden der benachbarten **Jakobskapelle** birgt den Leichnam des erfolgreich gegen Admiral Nelson (s. S. 21) angetretenen Generals Gutiérrez.

Östlich des Zentrums

Jenseits des Barranco de los Santos befindet sich das ehemalige Hospital *(Antiguo Hospital Civil)*. In dem klassizistischen Komplex, der vier Innenhöfe umspannt, wurde das ***Museo de la Naturaleza y el Hombre ❹** mit viel Geschick als modernes Museum zum Anfassen eingerichtet. Die naturwissenschaftliche Abteilung präsentiert in Aquarien und Terrarien die geologischen Formationen, Flora und Fauna des Archipels. Über das Leben der Ureinwohner informiert die archäologische Abteilung. Weitere Räume sind den einzelnen Inseln sowie u. a. der präkolumbischen Kunst Lateinamerikas gewidmet (Fuente Morales, s/n, Tel. 922 20 93 20; Di–So 10–19 Uhr, Eintritt 3 €).

An moderner Architektur Interessierte sollten von hier aus einen Abstecher zum **Auditorio** machen (s. S. 41). Zurück zum Mercado lohnt sich der Weg über die neue Flanierstraße von Santa Cruz, die **Avenida del Tres de Mayo,** mit Fußgängerpassagen und den größten Warenhäusern.

An einer leicht erhöhten Stelle liegt der **Mercado de Nuestra Señora de África ❺**, wo es turbulent und lautstark wie in einem orientalischen Basar zugeht.

An Sonntagen bleibt der an eine Karawanserei erinnernde Mercado zwar geschlossen, aber dafür findet vor seinen Toren bis zum frühen Nachmittag ein **Flohmarkt** statt Eine Unmenge privater Ramsch, selbst gefertigter Schmuck, fabrikmäßiger Krimskrams und exotische Importe wird im unbestechlichen Licht der kanarischen Sonne feilgeboten.

In den **Marktcafés** schäumen Bier und *café con leche* in die Gläser und Tassen.

Abstecher zur Kunst

Über die General-Serrador-Brücke gelangt man wieder ins Zentrum. An der Imeldo Serís liegt rechter Hand das

Karte Seite 35

äußerlich schlichte **Teatro Guimerá ❻**. Das Stadttheater ist nach dem in Santa Cruz geborenen Dramatiker Ángel Guimerá (1847–1924) benannt, der bereits als Kind mit seinen Eltern nach Katalonien zog und in Barcelona einer der erfolgreichsten Schriftsteller katalanischer Zunge wurde. Hier konzertiert das bekannte Symphonieorchester Teneriffas (Tel. 922 20 08 38).

In einer ehemaligen Markthalle aus dem Jahre 1851 neben dem Theater hat sich heute eine Galerie für Foto- bzw. Kunstausstellungen eingerichtet: **Centro de Fotografía ❼** (Plaza Isla de la Madera, s/n, Tel. 922 29 07 35, Fax 922 24 05 53; Di–So 10–20 Uhr).

Ein schönes Beispiel für den Inselbarock: San Francisco

Rund um den Parque del Príncipe de Asturias ❽

Wenn man die Calle Imeldo Serís überquert und der Valentín Sanz folgt, erreicht man diesen kleinen Park. Er ist überdacht vom dichten Laubwerk mächtiger Indischer Lorbeerbäume und hat in der Mitte einen Pavillon, der gern zu Konzerten genutzt wird.

Wer sich für moderne Architektur begeistert, sollte sich ein paar Schritte weit vom Platz in nordwestlicher Richtung entfernen. Dort findet er das raumgreifende Gebäude der Kanarischen Sparkasse, der **Caja General de Ahorros de Canarias ❾**. Es wurde 1987 nach dem Entwurf des einheimischen Architektentrios Artengo, Domínguez und Schwartz errichtet. Seine weitgehend verspiegelte Außenhaut besteht aus metallisch braun getöntem Glas. Der Eingangsbereich mit seinen hohen Einlässen erweckt Assoziationen an Stonehenge, und aus den allseits präsenten Überwachungskameras grüßt Orwells »Großer Bruder«.

Treffpunkte

Hinter dem monumentalen Bankgebäude bergauf lockt mit dem **Parque Bulvar** ein modernes Einkaufszentrum mit eleganten Boutiquen und Cafés. Die **Calle La Luna** neben der Bank hat sich mit dem *Pavarotti* und der *Cervecería Central* zu einem beliebten Treffpunkt für Gucker und Gourmets entwickelt.

An der Nordostseite des Parque del Príncipe prangt die Fassade des Kulturvereins **Círculo de Amistad XII de Enero** mit ihren dekorativen Drachen und Frauenfiguren.

Ein Besuch im **Städtischen Museum ❿** am unteren Ende des Parks ist insbesondere Kunstinteressierten zu empfehlen (*Museo Municipal,* José Murphy, 12, Tel. 922 24 43 58; Sommer: Mo–Fr 10–13.30, Winter: Mo–Fr 10–19 Uhr, Eintritt frei). Das Museum enthält neben einer Skulpturen- und Keramiksammlung zahlreiche Gemälde kanarischer Maler (Pedro de Gue-

Karte Seite 35

zala, Francisco Bonnín Guerín, José A. García Aguiar, Nestor Martín Fernández de la Torre), aber auch Werke alter spanischer und niederländischer Meister (u. a. de Rivera, de Miranda, van Loo, Jordaens). Die Fassade zieren Büsten kanarischer Dichter, Denker und Musiker. In demselben Gebäude ist auch die Stadtbibliothek untergebracht.

Jenseits des Museums im selben Gebäudekomplex öffnet die **Iglesia San Francisco** ⑪ ihre barocke Pforte. Das 1860 geweihte Gotteshaus diente ursprünglich als Klosterkirche eines Franziskanerkonvents, zu dessen Besitz einst auch der Parque del Príncipe gehört hatte.

Wegen der guten Akustik werden in dieser Kirche häufig Orgelkonzerte veranstaltet. Drei vergoldete Altarwände aus dem 17. und 18. Jh. beeindrucken im Innenraum, außerdem Wandfresken im Altarbereich, Sgraffiti und Gemälde aus dem 18. Jh.

Bergab erreicht man die Alameda del Duque de Santa Elena, früher der hauptstädtische Paseo. Die **Atlántico Bar** an der Ecke zur Plaza de Candelaria ist der rechte Ort, um Passanten hinterherzuschauen und sich vom Rundgang zu erholen.

Weg 2

Von der Plaza de la Candelaria ⑫ zum Stadtpark

Die **Plaza de la Candelaria** setzt die Plaza de España nach Westen fort. Sie verdankt ihren Namen einer Marmorstatue im unteren Bereich. Die Madonna mit Jesuskind, zu ihren Füßen vier Menceyes (s. S. 96), soll den Triumph des Christentums über die heidnischen Guanchen symbolisieren. Vermutlich ist sie dem Genuesen Pasquale Bocciardo zuzuschreiben, der auch die Marmorkanzel der Kathedrale von La Laguna geschaffen hat.

Das Eckgebäude an der Nordseite des Platzes beherbergt das **Casino de Tenerife,** worunter man sich keine Spielhölle, sondern einen vornehmen Privatklub vorstellen muss. Der große Festsaal des Casinos wurde von namhaften kanarischen Künstlern, wie de Guezala, Bonnín, de la Torre und Aguiar, äußerst prächtig und farbenfroh ausgestaltet.

Auf derselben Seite des Platzes weiter nördlich liegt der **Palacio de los Rodríguez Carta,** für dessen Fassade dunkelgrauer Basaltstein verwendet wurde. In dem ehemaligen Adelspalast (1742) hat sich heute eine Bank eingerichtet. Die Schalterhalle befindet sich im Patio, der von geschlossenen Balkonen aus dem dunklen, polierten Kernholz der Kanarischen Kiefer umsäumt ist.

Die Calle de Castillo und ihre Seitenstraßen

Am oberen Ende mündet der zur Fußgängerzone erklärte Platz in die Hauptgeschäftsstraße **Calle de Castillo** ein. Auch hier lässt es sich in Ruhe promenieren, nur die Querstraßen sind für den Verkehr freigegeben.

In der Calle de Castillo und den umliegenden Straßenzügen reihen sich Boutique an Boutique, Warenhaus an Warenhaus. Ins Auge fallen besonders die überquellenden Auslagen der indischen Kaufleute, die nebst orientalischen Waren vor allem mit preisgünstigen Parfums, Kameras und dem neuesten elektronischen Schnickschnack aufwarten. Handeln

Karte Seite 35

ist hier keine Schande – und hat schon manchen Fixpreis abbröckeln lassen.

Sonnenschirmbewehrte **Straßencafés** ermöglichen jederzeit eine Pause im Schnäppchenstress. Im Viertel, das sich nordöstlich bergan zieht, wird im Allgemeinen die Ware – vor allem Oberbekleidung – seriöser, sie trägt Markenlabels und kostet dementsprechend mehr.

Im **Círculo de Bellas Artes** kann man nicht nur die neuesten Schöpfungen kanarischer Künstler betrachten (Calle Castillo, 43, Tel. 922 24 26 49, tgl. 10–13 und 18 bis 21 Uhr), sondern im dazugehörigen **Kunstcafé** (Tel. 909 78 98 86, tgl. 11.30 bis 23 Uhr) auch über das Gesehene sinnieren und diskutieren.

Auf der Plaza de Weyler

In der Seitenstraße Calle Teobaldo Power tagt in einem etwas zurückgesetzten Gebäude hinter einem klassizistischen Säulenportikus das **Parlamento de Canarias** ⓭. Das Parlament der Kanarischen Inseln hat hier seinen ständigen Sitz.

An der Straßengabel, die die Castillo mit der Robayna bildet, hat sich mit der **Casa Elder** ⓮ ein Relikt aus der Epoche des Jugendstils erhalten. Ein Blickfang ist die geschnitzte Holztür. Der Architekt des Hauses, Antonio Pintor, hat um die Jahrhundertwende gewirkt und entwarf die Pläne für zahlreiche Großprojekte der Insel, z. B. das Rathaus und die Stierkampfarena in Santa Cruz oder das Teatro Leal in La Laguna.

Der Liebesbrunnen

In der Mitte der Plaza de Weyler setzt die **Fuente del Amor** einen charmanten Akzent. Achille Canessa hat den »Liebesbrunnen« aus weißem Marmor gehauen; in Teilen wurde das Werk von Genua nach Teneriffa verschifft.

In den Räumen der Casa Elder bietet die Buchhandlung **La Isla** u. a. eine gute Auswahl landeskundlicher Literatur über die Kanaren an.

Zum Rathaus

Die **Plaza de Weyler** ist nicht groß genug, um sich im Lärm und Verkehrsgewühl als Oase der Ruhe behaupten zu können.

Nach rechts der Calle Méndez Núñez folgend, stößt man auf den Repräsentativbau der Zivilverwaltung, des **Gobierno Civil** ⓯. Er ist in der Regel nicht zur Besichtigung freigegeben, was umso bedauerlicher ist, als die Wandfresken im Sitzungssaal auf anschauliche Weise einen Überblick

Karte Seite 35

Casa Quintero, Villa im Jugendstil

über die kanarische Geschichte vermitteln. Ländliche Idyllen, die die Tinerfeños in Tracht zeigen, runden das historische Inselbild ab.

Das folgende Eckgebäude stellt das **Rathaus** *(Ayuntamiento)* ⓰ dar. Über dem Eingang in der Viera y Clavijo zeigt das Giebelfeld das Wappen der Stadt. In der Vorhalle des 1898 von Antonio Pintor errichteten Baus unterstreichen Kopien antiker Statuen den neoklassizistischen Baustil, der von Jugendstilanklängen durchsetzt ist.

Der reich ausgestattete Sitzungssaal ist in der Regel nur für Ratsmitglieder zugänglich. Für sie exklusiv überwölbt ein in zarten Tönen gehaltenes Deckenfresko von González Méndez mit der allegorischen Darstellung des »Sieges der Wahrheit über den Irrtum« den Raum; zwei Glaskuppeln sorgen für Tageslicht. Wissenschaften und Künste werden in weiteren Bildnissen thematisiert. Mahnend blickt das Porträt des Monarchen von der Wand hinter dem Vorsitzenden auf die Mandatsträger.

An der Plaza 25 de Julio ⓱

Genug der feierlichen Würde und Schwere! Bergauf zieht den Flaneur ein kleiner, verspielter Platz an, an dem wegen der Nähe zu Regierungssitz und Rathaus üblicherweise die Demonstrationen der Städter ihren Anfang nehmen. In seiner Mitte sprudelt ein mit Sevillaner Azulejos verkleideter **Brunnen** vor sich hin. Auf dem Brunnenrand sitzen acht glasierte Frösche, mit dem bunten Vogel in der Mitte um die Wette speiend. Sehenswert sind außerdem die gekachelten Sitzbänke mit nostalgischer Reklame.

In der weiteren Umgebung des Platzes, in den Nebenstraßen und jenseits der Rambla im Westen, finden sich die schönsten Villen der Jahrhundertwende. Als Beispiel mag die restaurierte **Casa Quintero** ⓲ an der Calle Jesús y María dienen: In lindem Grün wetteifern ihre elegant stilisierten Pflanzenstuckaturen mit der exotischen Vegetation des Vorgartens.

Parque Municipal García Sanabria ⓳

Eine Fußgängerallee zwischen zwei Fahrbahnen führt zur westlichen Spitze des größten und schönsten Parks der Hauptstadt, der grünen Lunge von Santa Cruz. 2005 wurde er umgestaltet, die Neueröffnung ist für 2006 geplant. Der Park umfasst ein Areal von 6 ha. Man schlendert über breite Alleen, spaziert durch überwucherte Laubengänge und verweilt an glitzernden Wasserspielen mit steinernen Nixen oder auf von Bambus beschatteten Mosaikbänken. Seit den 1970er-Jahren setzen moderne Skulpturen Kontrapunkte zur üppigen, unbändig wuchernden Flora.

Karte Seite 34

In einem Café am Hauptzugang des Parks werden Tapas (pikante Häppchen), Kuchen, Eis und andere Erfrischungen serviert.

Plaza de la Paz ㉑

Wenn sich am späten Nachmittag die Straßen wieder beleben, ist die rechte Zeit, um vom Park aus zur Rambla General Franco und in westlicher Richtung weiter zu bummeln. Bis in die Nacht hinein zieht die Umgebung der Plaza de la Paz flanierende Sippen, Cliquen und Einzelgänger an. Auf dem Weg dorthin kommt man an einer zweckentfremdeten **Stierkampfarena** ⑳ vorbei, in der hauptsächlich Popkonzerte zelebriert werden – gezwungenermaßen hört dann das ganze Stadtviertel mit.

An der Plaza selbst lädt das **Cine Victor** (Tel. 922 27 08 29), das noch im plüschigen Flair vergangener Tage schwelgt, zum Besuch eines synchronisierten Hollywoodmovies ein; Spanischkenntnisse sind hier von Nutzen!

Teneriffas neuer Stolz heißt Auditorio

Kühn scheint sich der Bau wie eine weiße Riesenwelle direkt aus dem Meer zu erheben. Eine Vogelschwinge sehen andere oder schlicht eine Sichel. Vielleicht aber schwebte dem Baukünstler Santiago Calatrava auch ein Segler mit Spinnacker vor, als er sich ans Werk machte. Betrachtet man den Gesamtkomplex und nicht nur den markanten Überbau, möchte man eher dieser Version zustimmen. Fragen danach beantwortet er mit einem Lächeln. Eines ist immerhin sicher, schon von außen regt das neue Konzerthaus von Santa Cruz die Phantasie an.

Innen setzen sich die ungewöhnlichen Formen fort. Über dem großen Konzertsaal mit 1600 Plätzen, in steil angeordneten Sitzreihen, wölbt sich eine trichterförmige Decke, die in einer Lichtkuppel endet. Gefältelte Wände sorgen für eine hervorragende Akustik des Baus, der seit seiner Eröffnung im Dezember 2003 die neue Heimstatt des über Spanien hinaus anerkannten Symphonieorchesters von Teneriffa ist. Künftig werden hier auch andere Spitzenensembles gastieren. Aber das Auditorio wird mitnichten ein exklusiver Tempel der E-Musik – das alljährlich im März und April auf den Kanaren stattfindende Festival Jazz Atlantico ist hier schon fest eingebucht, Rock- und Popkonzerte werden folgen. Teneriffa, die Urlauber- und Bananeninsel hat sich mit dem Auditorio in die Liga der Kulturmetropolen katapultiert.

Das Programmheft ist bei der Touristeninformation erhältlich, wer sofort wissen möchte, was wann los ist, schaut unter www.auditoridetenerife.com nach. Karten erhält man im Vorverkauf in der Calle Cruz Verde 21–23 (hinter der Plaza de la Candelaria), Tel. 922 27 06 11. Was kulturell sonst noch los ist, erfährt man bei der Touristeninformation oder unter www.culturatenerife.com.

Karte Seite 35

Infos

Patronato de Turismo, Cabildo de Tenerife, Plaza de España, Tel. 922 23 98 00, Fax 922 23 98 12.

Flughafen: s. S. 31.
Busverbindungen: Der Busbahnhof, von dem aus alle wichtigen Ortschaften Teneriffas angesteuert werden, befindet sich an der **Avenida de la Constitución.** Wer zum Strand nach Las Teresitas will, steigt an der Meerpromenade nördlich der Plaza de España zu.

Mencey, Avda. Dr. José Naveiras, 38, Tel. 922 60 99 00, Fax 922 28 00 17, www.sheraton.com. In diesem Fünf-Sterne-Luxushotel mit eigenem Park und Tennisplatz logiert der spanische König, wenn er auf Teneriffa weilt. 300 Zimmer. ❍❍❍
▮ **Escuela Hotel Santa Cruz,** Avda. San Sebastián 152, Tel. 822 01 05 29, www.hecansa.com. Neues, elegantes und großzügiges Haus mit 65 Zimmern. ❍❍
▮ **Hotel Taburiente,** Calle Dr. José Navieras 24A, Tel. 922 27 60 00/-04, Fax 922 27 05 62, www.hoteltaburiente.com. Großes Haus (116 Zi.) gegenüber dem Stadtpark García Sanabria. Im Landhausstil gestaltete Zimmer zum Park, dunkler jene zur Seitenstraße bzw. zum Lichtschacht. Pool, Restaurant, Garage. ❍❍
▮ **Aparthotel Náutico,** Prof. Peraza de Ayala, 13, Tel. 922 24 70 66, Fax 922 24 72 76, www.a-caledonia.com. Ein heller Neubau mit freundlich eingerichteten Zimmern. Außerhalb des Zentrums, Parkplatz. ❍❍
▮ **Horizonte,** Calle Santa Rosa de Lima, 11, Tel. 922 27 19 36. Zentrumsnah in einer Nebenstraße gelegen. Kleines älteres Hotel, das persönlich geführt wird; kleine Zimmer. ❍

Da Gigi, Avda. Anaga, 43, Tel. 922 24 20 17. Besonders beliebter Italiener an der Meerespromenade. ❍❍❍
▮ **Cervecería Central,** Calle La Luna s/n, Tel. 922 29 11 14. Von arrivierten Großstädtern frequentiertes Lokal, in dem kanarische Gerichte und Tapas serviert werden. Spezialität der Küche sind feine Reisgerichte. ❍❍
▮ **La Lateria,** Benavides, 30, Tel. 922 24 97 78. Kanarische Spezialitäten, z. B. Kaninchen in Beize. ❍❍
▮ **Pavarotti,** Calle La Luna, 4, Tel. 922 28 43 96, Di–So 11–24 Uhr. Ob Pizza, Pasta oder Eiskrem – im Angesicht der monumentalen Caja Canarias lässt sich gut speisen. ❍❍

El Blasón, Calle Antonio Lecuona Hardisson, 24 (im Polígono Costa Sur an der Querverbindung der Autopistas Sur und Norte). Disko mit Videowand, oft Livemusik, Karaokenächte, Billard, Darts und Bogenschießen.
▮ Die größte Disko der Stadt, das **KU,** Avenida de Madrid, bietet häufig Livekonzerte.
▮ Die beliebte Bierkneipe **Metro,** Rambla de Pulido, 89, oder das Szenelokal **Parra,** Pasaje Sitia, 19, Tel. 922 24 11 90, bieten sich für den nächtlichen Bummel an.
▮ **Jamaica,** Calle Castillo, 24, Mo–Sa 9–22 Uhr. Nett eingerichtete Kaffee- und Teestube in der Fußgängerzone.
▮ Im Hotel **Mencey** (s. links) lädt ein Spielcasino (Zugang von der Rambla General Franco) zum Glücksspiel ein. Fr und Sa nach Mitternacht wird zum Tanz aufgespielt.

Harley's, Calle Méndez Núñez, 5, Tel. 922 29 30 00. Amerikanisch aufgestylte Kneipe in einem alten Kino mit Bowlingbahn. ❍

Karte Seite 47

Puerto de la Cruz

Die Wiege des Tourismus auf Teneriffa

Puerto de la Cruz (30 000 Einw.) hat sich seit den 1960er-Jahren von einem kleinen Fischerort zum größten Tourismuszentrum der Nordküste gemausert. Obwohl es in der Gunst der Veranstalter und der Urlauber längst von Playa de Las Américas überholt wurde, kann Puerto manche Vorteile für sich verbuchen. Zwar ist das Wetter im Norden tatsächlich etwas kühler, und die Sonne verbirgt sich auch mal tagelang hinter einer grauen Wolke; kalt wird es deshalb noch lange nicht. Was Playa de Las Américas fehlt, besitzt Puerto mit seiner Plaza del Charco: einen traditionsreichen Mittelpunkt, den Einheimische und Touristen gleichermaßen gerne aufsuchen, um zu plauschen, zu schauen oder schlicht die Seele baumeln zu lassen. Trotz der Hotelbauten ist vom alten Ortskern noch viel Substanz übrig geblieben, die einen eigentümlichen Charme spüren lässt.

Geschichte

Nach der Conquista war Puerto de la Cruz unter dem Namen Puerto de Orotava der Hafen für die Kaufleute von Villa Orotava (s. S. 59). 1603 wurde es als solcher von der spanischen Krone anerkannt. Von den drei ursprünglichen Anlegestellen ist heute nur noch der von zwei modernen Molen geschützte Fischereihafen erhalten geblieben. Die beiden anderen lagen an seinen beiden Flanken und waren nur sehr bedingt als Umschlagplatz geeignet. Die Fracht wurde entweder auf kleinen Schiffen zu den Haupthäfen Garachico oder Santa Cruz geschippert, um dort verladen zu werden, oder mit kleinen Booten zu den großen Schiffen auf Reede verbracht.

Mit der Zerstörung Garachicos durch einen Vulkanausbruch im Jahre 1706 gewann Puerto de la Cruz als nunmehr alleiniger Hafen der Nordküste sofort an Bedeutung. Es löste sich 1813 von La Orotava, um eine selbständige Kommune zu werden. Das Totenglöckchen für Puertos Handelshafen erklang, als das Geschäft mit dem Wein zurückging und gleichzeitig das innerinsulare Wegenetz ausgebaut sowie für Wagen befahrbar gemacht wurde; die neue Hauptstadt Santa Cruz riss allmählich den gesamten Überseehandel an sich.

Ende des 19. Jhs. fanden betuchte Briten Gefallen an Puerto, und es wurde Mode, hier bei frühlingshaften Temperaturen zu überwintern. Das milde Klima ließ das idyllische Fischernest um die Jahrhundertwende zu einem geruhsamen Kurort kranker Reicher werden. Aus dieser Ära stammt z. B. das ehemalige Casino, das 1892 als Sanatorium gegründet wurde. Erst ab 1955 brach sich der Massentourismus in Puerto Bahn.

Rundgang

Wer von außerhalb kommt, nehme die Autobahnausfahrt »El Bótanico« nach Puerto und folge der Beschilderung ins Zentrum über den Botanischen Garten. Man kann sich zunächst am **Mirador de la Paz** einen Überblick von oben verschaffen und entweder dort parken und dann zu Fuß über den Treppenweg Camino de las Cabras zum Centro Comercial Martiánez gehen oder weiterfahren zum Einkaufszentrum und den Wagen dort im Untergeschoss abstellen.

Karte Seite 47

Lago Martiánez – ein Geniestreich

San Telmo, die Kapelle der Fischer

Baden und andere Freizeitvergnügen

Das mit Glaspyramiden schön gestaltete **Centro Comercial Martiánez ❶** an der Calle Águilar y Quesada bietet die besten Einkaufsmöglichkeiten und – wichtig im Zentrum von Puerto – eine Tiefgarage. Hier gibt es nahezu alles, Buchläden mit Wanderführern und Kartenmaterial, schicke Modeboutiquen, den größten Supermarkt der Stadt und im Bioladen Vollkornbrot. Die Palmenallee vor dem Einkaufszentrum führt abwärts zur kleinen, schwarzsandigen **Playa Martiánez,** die von Molen geschützt wird. Eine autofreie Promenade verbindet den Stadtstrand mit der Avenida de Colón.

Gratisbusse fahren in der Avenida de Venezuela ab und bringen die Besucher zum **Loro Parque** (s. S. 47), zu einer Bananenplantage und anderen etwas außerhalb der Stadt gelegenen Attraktionen.

Seit sie für den Verkehr gesperrt und begrünt wurde, hat sich die **Avenida de Colón** zur beliebten Bummelmeile entwickelt. Tagsüber flanieren die Feriengäste auf dem Weg zu den Badeanlagen und zum Strand hier entlang oder genießen die Urlaubsatmosphäre auf den Caféterrassen; abends wird die Avenida zum Laufsteg für fein gemachte Diskogänger.

Evergreens spielen die Kapellen in den Terrassenbars **Ponchos** (Nr. 19) und **Havanna** (zwei Häuser weiter) an der Avenida de Colón. Die Disko **Victoria** im Hotel Teneriffa Playa öffnet zwar um 22 Uhr, richtig voll wird es aber erst ab 24 Uhr.

Rechter Hand erstrecken sich die von César Manrique entworfenen Badeseen ***Lago Martiánez ❷** und **Lido de San Telmo.** Mit heimischen Materialien wurde Natur kunstvoll konstruiert. Vom Wasser abgeschliffene Steinbrocken fanden in der Anlage ebenso Verwendung wie von der Sonne ausgebleichte Baumstämme. Acht Badeseen und künstliche Inseln, Palisaden, verspielte Plastiken und runde, rotweiße Fantasiewesen bilden ein Ensemble, das beim Publikum ankommt (tgl. 10–17 Uhr, Eintritt: Erwachsene 3,30 €, Kinder 1,10 €).

Karte Seite 47

Zur Plaza de Europa

An der schlichten, weißen Kapelle **San Telmo ❸** beginnt der Spaziergang. Das malerische Gotteshäuschen wurde 1780 an der Stelle einer Küstenbatterie errichtet und ist dem Schutzpatron der Seeleute geweiht. Hier finden regelmäßig katholische Gottesdienste in verschiedenen Sprachen (auch Deutsch) statt. Unterhalb der Promenade badet man in unruhiger See. An der Promenade selbst sind Spielhallen mit Motorrad- und Formel-1-Konkurrenzen der nicht mehr ganz neue Hit. Am Ende führen Treppen hoch zur **Punta del Viento ❹**, wo einem meistens der Passatwind direkt ins Gesicht weht.

In Meeresnähe bleibend, folgt man der Santo Domingo abwärts. Das erste Gebäude zur Rechten ist ein Überbleibsel des Dominikanerklosters **San Pedro González Telmo ❺** aus dem Jahre 1659. Es wurde 1778 zunächst ein Raub der Flammen und 1837 wieder aufgebaut.

Das Nachbargebäude, 1973 ebenfalls auf ehemaligem Klostergrund errichtet, ist das **Rathaus** *(Casas Consistoriales)* **❻**. Hinter ihm breitet sich der restaurierte Geschützplatz des Hafens, heute die Plaza de Europa, aus. In der Festung ist die Touristeninformation untergebracht; unter dem Platz liegt eine Tiefgarage.

Am Hafen

In Richtung Hafen wird es wieder lebendiger. Wenn die Fischerboote zurückkehren, gibt es immer etwas zu sehen und zu schnuppern. In der Gasse **Las Lonjas**, benannt nach den früher dort ansässigen Warenbörsen, liegt fast immer ein leichter Fischgeruch in der Luft. Das Haus der Bruderschaft der Fischer wird neu gestaltet. Am Hafen steht mit der **Casa de la Aduana** (ehem. Zollhaus) **❼** von 1620 der älteste Profanbau der Stadt. Nach dem für Garachico verheerenden Vulkanausbruch von 1706 erhielt dieses rustikale Gebäude seine Funktion als Zollbehörde und Wohnsitz des königlichen Steuereintreibers. Heute befindet sich in dem restaurierten Bau ein sehr schöner Kunstgewerbeladen.

Am Hafen steht das alte Zollhaus

Am Hafenbecken tummeln sich besonders an Feiertagen einheimische Familien zwischen den bunten Booten und zelebrieren ihr Picknick auf dem harten Kiesstrand.

Jenseits des Hafens erstreckt sich ein riesiges, aufgelassenes Areal. Durch aufwändige Deichanlagen hat man dem Ozean ein zusätzliches Terrain von 100 000 m² abgerungen, um den **Parque Marítimo Municipal** zu schaffen. Unter Mitwirkung von César Manrique sind vielerlei Attraktionen mit einer Art Disneyland, einem Erlebnisbad, Minigolf, künstlichen Seen, kulturellen Einrichtungen, Restaurants, Einkaufszeilen und Erholungsflächen konzipiert worden.

Karte Seite 46

Plaza del Charco ❽

Vom Hafen weg gibt es einen breiten Durchlass zur Plaza. Erhöht wie auf einem Podest und mit Palmen und 150-jährigen Indischen Lorbeerbäumen bestanden, ist dieser Platz Forum, Bühne und Loge in einem.

Hier trifft man sich, trinkt seinen *cortado* im Terrassencafé **Dinámico,** holt seine (deutsche) Zeitung von einem der Kioske und genießt den südlichen Alltag. Manchmal findet ein Konzert statt, die Winzervereinigung lädt zu einer Weinverkostung ein, oder eine Rallye umkreist das Karree. Einige der typisch kanarischen Gebäude an der Westseite des Platzes beherbergen gastronomische Betriebe.

Wenn man die Plaza an der Nordwestseite verlässt, gelangt man in das in seiner ursprünglichen Bausubstanz partiell noch erhaltene Fischerviertel **La Ranilla** (»das Fröschlein«) mit seinen engen Gassen und kleinen Häusern. Angenehm spaziert man durch die Fußgängerzone **Calle Del Lomo.**

In vorwiegend kleineren, verwinkelten Lokalen in La Ranilla ist recht gut essen.

Zum Castillo San Felipe und zur *Playa Jardín

Mitten im Barrio hat sich das **Museo Arqueológico Municipal** (Archäologisches Museum) ❾ in einem kanarischen Herrenhaus aus dem 19. Jh. eingerichtet. Es bietet vor allen Dingen eine Einführung in das Töpferhandwerk der Guanchen anhand entsprechender Fundstücke (Calle Del Lomo, 9-A, Tel. 922 37 14 65; Di–Sa 10–13 und 17–20, So 10–13 Uhr).

Nachdem man La Ranilla durchquert hat, folgen eine Zeitlang nur Neubauten, bis man einen Fußballplatz und ein Schwimmbad passiert. Gleich dahinter stößt man auf das kleine **Castillo San Felipe** ❿ aus dem 17. Jh. Kanonen auf dem kleinen Platz davor erinnern noch an seine einstige Bestimmung. Das Kastell ist gegenwärtig ein Kulturzentrum, in dem Kunstausstellungen und exzellente Musikveranstaltungen stattfinden.

Es schließt sich das lang gezogene Areal der neuen ***Playa Jardín** ⓫ mit mehreren weit geschwungenen Buchten an. An ihrer Gestaltung hat César Manrique mitgewirkt. Aus der Meerestiefe hat man schwarzen, vulkanischen Sand heraufgebaggert und seinen Bestand mit Wellenbrechern vor der Küste abgesichert. Im hinteren Strandbereich wurde ein Park angelegt, der sich mit typischen Pflanzen des Archipels, mit einer alten Weinpresse, einem künstlichen Wasserfall,

Karte Seite 46

Musikpavillon, Umkleideräumen, Duschen, Restaurants, Strandbars und Flanierwegen großer Beliebtheit erfreut. Die schwarz glänzenden Felsbrocken in der Brandung und die Steilküste hinter dem Strand geben der Playa Jardín einen unverwechselbar eigenen Reiz.

3 Loro Parque ㉒

In Punta Brava am Ende der Playa Jardín erwartet den Besucher ein Besuchermagnet, der Loro Parque. Den Anfang machten die Papageien; zur größten Papageiensammlung der Welt (rund 300 Arten) kamen im Lauf der Zeit weitere Attraktionen hinzu: Tigerinsel, Gorillagehege, Delfinarium, Haifischtunnel u. a. mehr. 1999 wurde der Park um einen »Planet Penguin« mit mehr als 150 Pinguinen erweitert. Auch mit der Pflanzenwelt wird verschwenderisch gewuchert: In einem

Rundgang

❶ Centro Comercial Martiánez
❷ Lago Martiánez
❸ San Telmo
❹ Punta del Viento
❺ ehem. Dominikanerkloster
❻ Rathaus
❼ Casa de la Aduana
❽ Plaza del Charco
❾ Museo Arqueológico Municipal
❿ Castillo San Felipe
⓫ Playa Jardín
⓬ Loro Parque
⓭ San Francisco
⓮ Casa Iriarte
⓯ N. S. de la Peña de Francia

Außerhalb des Rundgangs

⓰ Parque Taoro
⓱ Jardín Botánico

Karte Seite 47

Orchideengarten wachsen über 1000 Blumen. In Shows werden Papageien, Seelöwen und Delfine vorgeführt (tgl. 8.30–18.45 Uhr, www.loroparque.com, Tel. 922 37 38 41).

Um die Calle Quintana

Vom Loro Parque fährt eine Bimmelbahn zum Ausgangspunkt. Wer mag, steigt in der Nähe der Plaza del Charco aus und geht von dort aus durch die verkehrsberuhigte Quintana zurück zur Meerespromenade. Dabei gelangt man über ein paar Stufenfolgen hinauf zu einem kleinen Platz mit einer gepflegten kleinen Anlage.

Gegenüber laden linker Hand die Einsiedelei **San Juan** und die Kirche **San Francisco** ⑬ zum Besuch. Insbesondere am Abend bei künstlichem Licht erstrahlt die Innenausstattung in edlem Glanz. Die Klause ist neben San Amaro im Stadtteil La Paz der älteste Sakralbau von Puerto de la Cruz. Sie wurde um 1600 Johannes dem Täufer geweiht. Auf dem Gelände des Franziskanerordens entstand mit dem **Parque de San Francisco** eine Art Kulturpalast für größere Veranstaltungen.

Wer einen Abstecher nach Süden auf der Calle San Juan macht, entdeckt an der Kreuzung mit der Calle Iriarte ein gut erhaltenes Haus aus dem 18. Jh., die **Casa Iriarte** ⑭. Hier wurde Don Tomás de Iriarte (1750–91), vielleicht der bekannteste einheimische Erzähler, geboren. Heute wird das Haus als Marine- und Stadtmuseum sowie kommerziell genutzt.

In der Nähe steht noch ein Turm, der zum **Palacio Ventoso** gehört. Er ist der letzte seiner Art. Früher hatte jedes Handelshaus einen solchen Auslug, denn es galt: Wer ein Schiff sichtete und vor allen anderen am Hafen erschien, genoss das Privileg, als Erster mit dem Kapitän über Geschäfte verhandeln zu dürfen.

Die Pfarrkirche des Ortes, die **Iglesia Nuestra Señora de la Peña de Francia** ⑮, erhebt sich auf einem erhöhten Platz an der Quintana. Hier heiratet, wer etwas auf sich hält. Im Gotteshaus schaut stumm eine der pathetischsten Schmerzensmadonnen Spaniens zu. Schöpfer dieser *Virgen de los Dolores* ist José Luján Pérez aus Gran Canaria, dem auch eine Statue des Santo Domingo zugeschrieben wird.

Am Ende der Quintana stößt man auf die Meerespromenade, die zum Ausgangspunkt zurückführt.

Außerhalb des Rundgangs

Oberhalb des Ortskerns liegt der reizvolle und erholsame **Parque Taoro** ⑯. An Wasserspielen und Fliesenbildern vorbei spaziert man zu dem über allem thronenden, mehr als 100 Jahre alten Gebäude. Das erste Kurhotel war später (bis 2005) Casino. Über seine weitere Zukunft ist noch nicht

Andenken an Humboldt

Bei seinem Besuch in Puerto de la Cruz nächtigte Alexander von Humboldt im heutigen Hotel Marquesa. Ein üppiger Orchideengarten, in dem er weilte, ist heute der Öffentlichkeit zugänglich. Im Sommer 1999 wurde dort anlässlich der 200. Wiederkehr seines Aufenthalts eine Büste enthüllt. **Sitio Litre,** Avda. Marqués de Villanueva del Prado/Camino del Robado, Tel. 922 38 24 17, tgl. 9.30 bis 18 Uhr. Eintritt: 2,50 €.

Karte Seite 47

Auf Terrassen angelegt: Vom Parque Taoro hat man den besten Blick auf Puerto

entschieden. Erholung verspricht im Park die schöne Anlage des Wasserparks **Risco Bello Jardín Aguático** (Eintritt Erwachsene 4 €, Kinder 2 €).

Am Park liegt das Hotel **Tigaiga.** Es veranstaltet an Sonntagvormittagen eine Einführung für Touristen in die Lucha Canaria, einen auf die Guanchen zurückgehenden Ringkampf (s. S. 30). Tänze und Volksmusik umrahmen die Veranstaltung.

Zu einem Spaziergang im Schatten mächtiger Bäume lädt der weltberühmte **Jardín Botánico** ⓱ oberhalb des Viertels La Paz ein. Er wurde 1788 als Akklimatisierungsgarten gegründet, um Tropenpflanzen allmählich an eine kühlere Witterung, wie sie im Gebiet der königlichen Residenzen in Zentralspanien im Winter herrscht, zu gewöhnen. Das Ziel wurde zwar nie erreicht, doch der Garten blieb erhalten. Obwohl viele der über 3000 Exoten mit Namensschildern – lateinisch, spanisch, englisch – versehen sind, lohnt es sich, ein gutes Bestimmungsbuch mitzubringen (s. Tipp S. 39; tgl. 9–18 Uhr; Eintritt Erw. 3 €).

Infos

Oficina de Turismo, Plaza de Europa, Tel. 922 38 60 00, Fax 922 38 47 69.

Busbahnhof: an der Calle de Pozo.

Botánico, Richard Yeoward, s/n, Tel. 922 38 14 00, Fax 922 38 15 04, www.hotelbotanico.com. »Gran Lujo« garantiert höchsten Komfort; mit Spa und einem von Teneriffas schönsten Hotelparks. ○○○

▮ **Tigaiga,** Parque Taoro, 28, Tel. 922 38 35 00, Fax 922 38 40 55, www.tigaiga.com. Modernes Hotel in ruhiger Lage, herrliche Gartenanlage und weiter Blick auf Puerto; Restaurant »Las Palmeras«. ○○○

▮ **Ap. Florasol,** Camino del Coche, 7, Tel. 922 38 98 48, www.aparthotel florasolcom. Ruhige, sehr gepflegte Anlage nahe dem Taoro-Park mit Garten, Pool und Restaurant. ○○

▮ **Marquesa,** Quintana, 11, Tel. 922 38 31 51, Fax 922 38 69 50, www.hotelmarquesa.com. Historischer Bau in der Fußgängerzone. Um einen Patio gruppieren sich kom-

Karte Seite 47

fortable Zimmer. Pool auf der Dachterrasse. ❍❍
▮ **Puerto Azul,** Lomo, 24, Tel./Fax 922 38 32 13, www.puertoazul.de. Ruhig, im alten Fischerviertel; einfach und familiär. ❍

Taoro, Parque Taoro, Tel. 922 38 05 50. Internationale Küche, mit tollem Rundblick von den Restaurantterrassen. ❍❍
▮ **Casa El Farol,** San Juan, 14, Tel. 922 36 88 12. Sehr gepflegte internationale Küche im 1. Stock eines restaurierten Altstadthauses; Bistro im Erdgeschoss. ❍❍
▮ **El Régulo,** San Felipe, 16, Tel. 922 38 45 06. Vorzügliche kanarische Küche in einem betagten Stadthaus. ❍❍
▮ **El Caldoso,** Acaimo, 7 (im Minihafen von Punta Brava), Tel. 922 38 90 18. Exzellente Fischgerichte in schönem Ambiente. ❍❍

Diskotheken: Victoria und **Coto** in der Avda. Colón, **Joy** in der Obispo Pérez Cáceres, **Concordia** in der Avda. Venezuela und die Salsadisco **Qatar** in der Calle Aceviño, Urbanización La Paz.
▮ Das **Abaco** (Urb. El Durazno, Calle Casa Grande, Tel. 922 37 48 11), ein restaurierter Landsitz, lädt am Wochenende bei exotischen Cocktails zu klassischer Musik in seiner herrschaftlichen Pianobar ein.
▮ Im Salsapalast **Cubanísimo** (an der Autopista im Polígono Jerónimo), ebenfalls eine restaurierte Finca mit großzügigem Patio, trifft sich in lauen Nächten die Latino-Fan-Gemeinde.

Golfplatz **La Rosaleda,** Camino Carrasco, 17 (an der Zufahrt der Autopista nach Puerto via Botánico), Tel./Fax 922 37 30 00. Schmucke 9-Loch-Anlage, für Anfänger geeignet.

Tour 1

Durch das bizarre Tenogebirge

Playa de Las Américas → Adeje → Guía de Isora → Arguayo → Santiago del Teide → **Masca → (Teno Alto) → Buenavista → El Tanque → Los Gigantes → Puerto de Santiago → Playa de Las Américas (120 km)

Die Fahrt entlang der Südwestküste ist gleichsam eine Reise in die Vergangenheit, weg von dem hypermodernen Beherbergungs- und Freizeitzirkus aus der Retorte, hin zu den letzten Rückzugsgebieten einer kargen, bäuerlichen Existenzweise im Tenogebirge; weg von einer perfekt inszenierten Südseeflora, hin zu urtümlichen bizarren Felsformationen, die in Millionen Jahren modelliert wurden.

Playa de Las Américas ❶

Hier scheiden sich die Geister: Für die einen ist dies ein moderner Garten Eden, hinter dessen vielfältigem wie turbulentem Freizeitangebot die unwirtliche vulkanische Umgebung völlig zurücktritt; den anderen erscheint die kühn ins ausgedörrte Ödland gesetzte, am Tropf weit verzweigter künstlicher Wasseradern hängende Zwillingsagglomeration aus **Los Cristianos** und **Playa de Las Américas** wie ein vorweg genommener Alptraum des 21. Jhs. Mediterran anmutende Appartements stehen wie vielfach geklont auf engstem Raum zusammen und krallen sich in die staubigen Berghänge im nahen Küstenhinterland.

1 Karte Seite 52

Neben Hotelanlagen der touristischen Frühzeit mit einer unverhohlen an Wohnsilos erinnernden Architektur gibt es mittlerweile einfallsreichere Varianten der Bebauung: von klassizistisch-pompös bis mozarabisch-verspielt, von neokanarisch bis postmodern, mal auf cool in Marmor, mal auf elegant in verchromtem Stahl und Spiegelglas getrimmt – kaum ein Stilanklang wird ausgelassen.

Enklave des Welttourismus

Auf den ersten Blick ist alles, wie auch der Name Playa de Las Américas zu suggerieren weiß, umwerfend grandios: die Baulichkeiten, die Menschenmassen, die die Promenaden bevölkern, der Verkehr oder die Logistik. Da, wo diese neue Glitzerwelt entstanden ist, gab es vorher allenfalls eine *Finca* und ein paar dazugehörige Bananenplantagen. So hat sich Playa de Las Américas auch nicht um einen gewachsenen, alten Ortskern herum entwickeln können. Statt dessen wurden in kurzen Abständen lautstarke Zentren des Kaufrausches entlang einer nahtlos von der Casa del Duque bis Los Cristianos reichenden Strandpromenade aufgereiht. Dort finden noch immer, trotz der behördlich überall angezeigten Warnungen, alle möglichen illegalen Abzocker ihre Opfer.

Abends wird der Flaneur durch alle Klangwelten der volkstümlichen Unterhaltungsmusik geschleust und kann sich bei den Selbstversuchen der zahlreichen Karaokefans amüsieren ... Refugien für den, der Ruhe sucht, sind die meist mit einer üppigen Flora herausgeputzten Hotelareale rund um den hauseigenen Swimmingpool. Dort wird auch regelmäßig ein per Wochenplan angekündigtes Animationsprogramm durchgeführt. Die Liebhaber einsamer Strände kommen kaum auf ihre Kosten.

So lässt sich sagen, dass Playa de Las Américas außer dem sonnigen Klima, dem fruchtbaren Vulkanboden und dem Bestreben der Behörden, den Tourismusboom nach Kräften zu nutzen, mit weiten Teilen der Insel wenig gemein hat. Es ist eine Enklave des Welttourismus und funktioniert nach dessen Kriterien der Vermarktung. Wer die Kombination von Sonne, Erholung am Swimmingpool oder Strand, Sport und abendlichem Rummel sucht, liegt hier goldrichtig.

i Beide Gemeinden, die Anteil an Playa de Las Américas haben, unterhalten dort Informationsbüros: **Adeje** (www.costa-adeje.es) auf der Promenade vor der Playa de Troya, Tel. 922 75 06 33, an der Playa de Fañabe, Tel. 922 71 6539, im neuen Centro Comercial an der Plaza del Duque, Tel. 922 71 63 77, sowie **Arona** (www.arona.org) im City Center, Tel. 922 79 76 68, und an der Playa de las Vistas, Tel. 922 78 70 11.

Zentraler Busbahnhof *(Estación de Guaguas)*: neben der Autobahn, hinter dem Gebäude Ponderosa, Tel. 922 79 54 27. Busse zu allen Stränden des Südens und Südwestens von El Médano, Las Galletas und Los Cristianos bis nach Los Gigantes. Direktbusse nach Santa Cruz und über die Cañadas nach Puerto de la Cruz.

La Caleta

Wer noch den letzten Hauch einer unprätentiösen Idylle vor den Toren von Playa de Las Américas genießen will, speise Fisch auf der Terrasse dieser Bar im gleichnamigen Ort (Tel. 922 78 06 75, tgl. 11–23 Uhr; ❍).

1
Karte Seite 52

Das Angebot an Hotels und Appartementsiedlungen ist riesig. Es lohnt sich nicht, vor Ort auf Zimmersuche zu gehen, die Pauschalangebote zu Hause kommen erheblich billiger. Bei der Auswahl sollten Sie Randlagen möglichst meiden – Baustellengefahr!

- **Jardín Tropical,** C. Gran Bretaña, Urb. San Eugenio, Tel. 922 74 60 00, Fax 922 74 60 60, www.tropical-hoteles.com. Architektonisch sehr ansprechende Anlage mit großzügigem Swimmingpool, umgeben von gepflegter Südseeflora. ○○○
- **Jardínes de Nivaria,** Calle Paris, Tel. 922 71 33 33, Fax 922 71 33 40, www.nivaria.es. Nobelhotel mit einem Hauch von Nostalgie; 172 Zimmer, 95 Suiten. ○○○
- **Torviscas Playa,** C. Ernesto Sarti, 5, Urb. Torviscas, Tel. 922 71 23 00, Fax 922 71 31 55, www.iberostar.com. Großhotel mit 470 modernen, funktionellen Räumen (unbedingt Meerseite verlangen!); sehr schöner Garten mit Swimmingpool. ○○

Relativ ruhig kann man sich im nördlich von Las Américas gelegenen Dörfchen **La Caleta** einquartieren; hier findet man auch hervorragende Fischrestaurants (s. S. 51).

Die Mehrzahl der Restaurants von Playa de Las Américas bewegt sich preislich und qualitativ nicht auf höchstem Niveau; am besten wird man noch von den Hotelküchen der gehobeneren Preisklassen bedient. Lokale ohne Beschallung sind selten. Atmosphärisch wunderschön ist das Restaurant **Las Rocas** am Meer (gehört zum Hotel Jardín Tropical, s. o.).

Die Menge der **Freizeitangebote** ist fast unüberschaubar, Angebote gibt es an allen Ecken. Jeepsafaris (Tel. 922 79 25 70), Bootsfahrten (s. S. 6/7), Tauchkurse und Windsurfschulen (s. S. 29, 30).

- Badespaß in tollen Pools, mit Riesenrutschen und künstlichen Wellen verspricht **Aqualand Tenerife** im Ortsteil San Eugenio Alto (tgl. 10–18 Uhr, Erwachsene 22 €, Kinder 15,50 €; Tel. 902 11 49 99; Gratiszubringer).
- Der **Loro Parque** von Puerto de la Cruz erhält demnächst einen Ableger bei Los Cristianos, der noch größer und spannender werden soll.

1 Karte Seite 52

Ansprechende Ferienanlage im kanarischen Stil

▮ Extremsportler zieht es in den **Sky Park,** Ortsteil Torviscas Bajo, Tel. 922 71 63 95, www.skyparktenerife.com. Bungeejumping, Trampolinspringen oder Wolkenkratzerschaukeln – für Nervenkitzel ist gesorgt!

Diskos: Prismas, Paseo Marítimo beim Hotel Tenerife Sol; **Byblos,** beim Hotel Columbus; **Disco Pub Chic,** im Centro Comercial América Shopping. Den Vogel schießt das Zentrum **Las Verónicas** in der Nähe des Barranco del Rey ab; Diskohöhlen auf mehreren Ebenen, überwiegend britisches Publikum.

Nördlich vom C. C. Las Verónicas bietet **Artenerife** anspruchsvollere Kunstgewerbeartikel an (www.artenerife.com). Am Barranco del Rey in der Nähe der Avenida Litoral finden sich jeden Abend Händler ein, die Schmuck, Souvenirs und Kunsthandwerk verkaufen. Oberhalb der Playa de Torviscas bietet jeden Donnerstag- und Samstagvormittag ein **Markt** Gelegenheit, von der garantiert abgekupferten Designeruhr bis zu (nicht handgefertigten) Spitzen Krempel aller Art zu erstehen.

Die Casa Fuerte in Adeje

Golf Las Américas, an der Nahtstelle von Playa de Las Américas und Los Cristianos, Tel. 922 75 20 05, Fax 922 79 52 50, www.golf-tenerife. com. 18 Löcher.
▮ **Golf Costa Adeje,** Finca Los Olivos, bei La Caleta, Tel. 922 71 00 00, Fax 922 71 04 84, www.golfcostaadeje.com. 18 Löcher.

Unterwegs nach Adeje

Die Autobahn des Südens reicht ein Stück über Torviscas hinaus. Danach geht es auf einer schmalen und kurvigen, aber ansonsten gut ausgebauten Landstraße weiter. Zur Rechten hebt der **Conde** (1003 m), der Charakterberg des Südens, seine – im Frühling blumenübersäte – Meseta in den Himmel. Von den Abhängen dieses Tafelberges schweben bei guter Thermik bunte Paraglider zur Küste hinab.

Paragliding-Kurse für Anfänger und Fortgeschrittene bietet die **Escuela de Parapente Izaña,** Güímar, Tel. 922 52 45 26.

Adeje ❷

Die kleine, geschichtsträchtige Ortschaft hat als Verwaltungssitz von

1
Karte Seite 52

Playa de Las Américas von dessen Aufschwung profitiert und sich inzwischen von seiner erhöhten Position auf einer Hangseite am Barranco del Infierno fast bis zur Durchgangsstraße ins Tal vorgearbeitet. Der lang gezogene Ortskern, um die bergan strebende Avenida Generalísimo Franco gruppiert, hat in herausgeputzter Form sein ursprüngliches, dörfliches Aussehen bewahrt. Die Mehrzahl seiner Besucher verdankt der Ort einer leicht begehbaren Schlucht, dem ***Barranco del Infierno** (s. u.).

Eine Kirche am oberen Ende der mit Indischen Lorbeerbäumen bestandenen Straße, die zweischiffige **Iglesia Santa Ursula** (16. Jh.), birgt noch Hinweise auf die früheren feudalen Verhältnisse des Ortes. Von einem vergitterten Söller über der Sakristei aus konnten die ehemals herrschenden Condes de la Gomera, Marqueses de Adeje y Señores de Hierro, dem Gottesdienst beiwohnen.

Ihr Herrensitz, die **Casa Fuerte** (an der Zufahrt zum Barranco del Infierno; in Privatbesitz), ist zum Teil noch erhalten. Von dort leitete ab dem 16. Jh. die Genueser Kaufmannsfamilie Ponte einen gewinnträchtigen illegalen Handel mit Lateinamerika. Vorwiegend ging es um englische Tuche, Zucker eigener Herstellung und afrikanische Sklaven.

*Barranco del Infierno ❸

Zur Akklimatisierung und als Einstieg ins Wandern eignet sich die »Höllenschlucht« besonders gut. Der Barranco steht unter Naturschutz und darf nur von 200 Besuchern täglich durchwandert werden. Nach der Öffnung um 8.30 Uhr werden 100 Personen eingelassen; erfahrungsgemäß ist diese Zahl um 10 Uhr etwa erreicht. Die folgenden Wanderer müssen warten, bis sich eine Gruppe gebildet hat. Letzter Einlass ist um 14 Uhr. Sie können eine lange Wartezeit vermeiden, indem Sie sich voranmelden unter Tel. 922 78 28 85; Eintritt: 3 €, sonntags frei; Einlass nur mit festem Schuhwerk.

Unterwegs können Sie nach Belieben gehen und pausieren. Die vollständige Tour dauert hin und zurück 3–4 Stunden (je nach Kondition), es gibt nur geringfügige Höhenunterschiede. Kurz nach der Hälfte des Weges stößt man auf ein offenes Rinnsal, an dessen Rändern sich eine grüne Hölle en miniature mit Stechapfelbäumen und Schilfrohr gebildet hat. Der Weg endet an einer Felsbarriere, von der Wasser je nach Jahreszeit als Wasserfall oder -fällchen in drei Kaskaden in ein kleines Kiesbecken stürzt.

Hier ist es an der Zeit, sich eine kleine Erfrischung zu gönnen und zu erfahren, was einen *barranco* ausmacht: Ein Barranco ist eine Schlucht an den Abhängen eines Vulkans, die vermutlich als großer Riss oder Kerbe bereits bei der Bildung des Vulkans entstanden ist und später durch Auswaschung ihre bisweilen monumentale Tiefe erreicht hat. Beim Barranco del Infierno kommt noch hinzu, dass seine beiden Steilwände verschiedenen Gebirgsstöcken angehören, nämlich dem älteren Adejemassiv und dem jüngeren Teidesockel. In den Höhlen der südöstlichen Wand wurden Mumien der Ureinwohner gefunden.

Ein nettes Aussichtslokal am Eingang des Barranco, **Otelo** (C. Los Molinos, 10, Tel. 922 78 03 74; Di geschl.), tischt *potaje canario, conejo al salmorejo, papas arrugadas* und *mojo picante* auf (s. S. 27). Ansonsten kann man unter dem Indischen Lorbeer auf der Hauptstraße Kaffee trin-

1
Karte
Seite
52

Die »Höllenschlucht« ist ein klassisches Ziel der Wanderer

ken und eine Kleinigkeit zu sich nehmen oder unterhalb der Plaza mit Kreisverkehr im Restaurant **Los Arcos** italienisch essen gehen (C. Tinerfe el Grande, 1, Tel. 922 71 07 70; ❍❍).

Von Guía de Isora nach Santiago

Die Hangstraße führt durch ursprünglich unwirtliches *Malpaís* (»schlechtes Land«). Aufgrund der reichlichen Wasservorkommen im Fels hat sich jedoch **Guía de Isora ❹** zu einem kleinen Zentrum der Landwirtschaft entwickelt. Es dominiert der Tomaten- und Kartoffelanbau. In der sehenswerten Kirche des ruhigen Ortes, der Iglesia de la Virgen de la Luz, sind zwei Madonnen des berühmtesten kanarischen Barockschnitzers, José Luján Pérez, zu finden.

Oberhalb des Dorfes **Chio ❺** beginnt eine bizarre Welt erkalteter Lavaschlacken und schwarzer Sanddünen, die sich bis hinter Arguayo zieht. Neongrün leuchten die ersten Pinien vor dem dunklen Untergrund.

An der Durchgangsstraße von Chio verkauft ein deutsches Aussteigerpaar exzellente Marmeladen, Chutneys, Mojos und Honig (**Delicias del Sol,** Paseo de la Libertad, 35, Tel. 922 85 13 85).

Santiago del Teide

Ein paar Meter weiter lockt das kleine Café **Bistro** mit Terrasse zur Rast. Tee und Körnerbrot gibt es auch (Paseo de la Libertad, 54, Tel. 922 85 02 80, Mo geschl.; ❍).

Der kürzere Weg nach Santiago del Teide führt über das hoch gelegene **Arguayo ❻**. In diesem Ort hat die Töpferkunst der Guanchen überlebt. Ein Museum dokumentiert die Tradition des alten Gewerbes (Centro Alfarero, Tel. 922 86 34 65; Di–Sa 10–13, 16 bis 19 Uhr, So 10–14 Uhr).

Die Straße windet sich durch die Ausläufer der jüngsten Lavafelder der Insel. Über einen Kamm gelangt man nach **Santiago del Teide ❼**, das in einem malerischen Hochtal liegt. Der kleine Ort entzückt durch seine Lage und den unverstellten Teide-Blick.

In Santiago del Teide kann man bei **Chinyero** (Avda. General Franco, 2, Tel. 922 86 40 40, tgl. 5 bis 22 Uhr) nicht nur Wein, sondern auch Liköre, Käse und Gebäck probieren.

1
Karte Seite 52

Schluchten gliedern das auf einem Bergrücken gelegene Masca in drei Ortsteile

4 **Masca 8

Eng und serpentinenreich geht es nach Masca hinunter. Bis in die 1970er Jahre war das dörfliche Kleinod des Teno nur über Fuß- und Maultierpfade mit Santiago und El Palmar verbunden. Jetzt sind täglich ein gutes Dutzend Busse sowie unzählige Mietwagen und Jeeps mit Besuchern der verloren gegangenen Dorfeinsamkeit auf der Spur. Kein Wunder, denn Masca liegt inmitten eines wild zerklüfteten Bergpanoramas und lässt sich von den neu entstandenen, z. T. romantisch in die Landschaft eingepassten Lokalen gut genießen.

La Fuente, Tel. 922 86 34 66. Zentral gelegen, Aussichtsterrasse; vom Essen her guter Durchschnitt. 9–21 Uhr, Fr Ruhetag. ❍

▮ **Chez Arlette,** Tel. 922 86 34 59. Die Küche versteht sich auf kanarische Tradition. Im Freien sitzt man lauschig inmitten farbenfroher Flora. 11.30 bis 18.30 Uhr, Sa geschl. ❍

▮ **El Guanche,** Tel. 922 86 34 24. Etwas tiefer und abseits gelegen, mit reicher Blütenpracht. Anleihen bei der kanarischen Küche. El Guanche vermietet auch ein einfaches Doppelzimmer. Tgl. 11–18 Uhr. ❍

Abstecher zum *Barranco de Masca 9

Der besondere Reiz an Masca liegt für den trainierten Wanderer im Abstieg in den Barranco. Er dauert 2,5 Stunden, für den Rückweg muss man mehr Zeit veranschlagen. Erforderlich sind festes Schuhwerk, Sonnenschutz und ausreichend Trinkwasser. Eine bizarre, vulkanische Bergwelt mit der ihr angepassten, kargen Flora lohnt die Anstrengung. Stellenweise fließt ein Rinnsal, kleine Gumpen bildend, an denen Rohr wächst und sich rote Libellen tummeln. Vereinzelt ist das Meckern von Ziegen zu vernehmen. Felsen müssen überklettert und Gesteinsbrocken umrundet werden. So manches Mal lässt sich der Verlauf des Weges nur schwer erkennen; er endet in einer Strandbucht.

Wer sich den mühevollen Aufstieg auf dem Rückweg ersparen möchte, kann – bei ruhiger See – von der Bucht aus mit einem Boot um 13.30 und 15.30 Uhr nach Los Gigantes schippern (10 €). Anmeldung erforderlich, Tel. 922 86 19 18 oder 922 86 07 26.

Bald hinter Masca wird die Straße noch etwas enger und unübersichtlicher, sodass es angebracht ist, vor den Kurven auf die Hupe zu drücken. Einen Stopp sollten Sie am **Cruz de**

Gilda einlegen. Von den weitläufigen Terrassen des neuen, sehr angenehmen Aussichtslokals (❍) hat man einen zauberhaften Blick zurück auf Masca.

Am Pass treibt der Passat häufig Wolkenfetzen über den Kamm. Das Hochtal von **El Palmar** wird von einem Vulkankegel beherrscht, der teils wie angefressen erscheint, weil man dort in breiten Tranchen die fruchtbare Asche für die Böden der Bananenplantagen entnommen hat. Der Duft wilden Fenchels und anderer Kräuter erfüllt die Luft.

Abstecher nach Teno Alto ⑩

Hier scheint die Zeit angehalten. Verloren stehen ein paar Häuser auf der Hochebene. In den Regalen der Bar verstaubt, was nicht tagtäglich gebraucht wird. Ein kalter Wind fegt über das Plateau und lässt die Unwirtlichkeit der Gegend noch deutlicher spüren. An manchen Stellen färbt Eisenoxid die Erde rot. Wer hier geblieben ist, müht sich auf kargem Boden ab oder hält eine Ziegenherde.

Das Teno-Gebirge ist als Naturschutzgebiet ausgewiesen und ein ideales Terrain für Wanderer. Informationen erteilt die **Parkverwaltung** an der Straße nach Teno Alto.

Von Buenavista zum Erjospass

Buenavista del Norte ⑪, ein recht ruhiger Ort, liegt an der Küste. Auf seinem Dorfplatz lädt einer der inseltypischen Pavillons zu einer Kaffeepause ein. Wer ein besonderes Badeerlebnis sucht, begibt sich zum **Playa de los Barcos** genannten Kiesstrand. In der kleinen, engen Bucht bilden sich schwungvolle Wellen. Tagsüber kann man den Fischern beim Ausbessern ihrer Boote zuschauen. Die Gemeinde hat ganz in der Nähe, an der **Playa Las Arenas,** eine Badeanlage gebaut. In der Umgebung ist einer der schönsten Golfplätze angelegt worden, ein Golfhotel soll folgen; Tel. 922 12 90 34, www.buenavistagolf.es.

El Burgado, Playa Las Arenas, Tel. 922 12 77 94. Ein Meerwasserrinnsal verläuft durch das Lokal, und Fischernetze wehen über der Terrasse. Zum Meerblick gibt's gute Fleischgerichte. ❍

Ein Abstecher nach Punta del Teno ist nicht zu empfehlen – die Straße ist durch Steinschlag gefährdet und zudem meistens gesperrt. Wer den Rückweg nicht wie den Hinweg gestalten will, fährt von Buenavista in Richtung Los Silos weiter, wobei man die **Montaña de Taco** links liegen lässt, deren Krater ein gemauertes Staubecken enthält. Anschließend passiert man ein paar schöne, etwas versteckt liegende Fincas und Bananenplantagen, ehe sich bald darauf der wohl homogenste Ort der Insel, **Garachico** (s. S. 84), von seiner schönsten Seite zeigt. Vom Platz vor dem Monumento del Emigrante Canario schaut man über die Reste des ehemaligen, bei einem Vulkanausbruch 1706 weitgehend verschütteten Hafenbeckens hinweg auf den Ort. Das Denkmal erinnert an die Menschen, die von den Wirtschaftskrisen nach der Naturkatastrophe zur Auswanderung nach Südamerika gezwungen wurden.

Wer Garachico mit Tour 4 erkunden will, biegt hinter den Hafenschuppen auf die Serpentinenstraße nach **El Tanque ⑫**. Schon nach den ersten Kurven wartet bei San Pedro ein weiterer Aussichtspunkt. Der faszinierendste aller Aussichtsplätze liegt aber noch

1
Karte
Seite
52

In El Tanque findet im Oktober eine Kunsthandwerksmesse statt

weiter oben: Nachdem man die Hochstraße erreicht hat, eröffnet sich 100 m links neben einem Ausflugslokal von dem Steilhang, über den der Vulkanfluss einst stürzte, ein Blick aus der Vogelperspektive auf die Stadt.

In der Umgebung der Streusiedlung **El Tanque**, die sich über mehrere Höhenmeter am Bergabhang hinzieht, findet sich eine Reihe preiswerter Lokale, die sich bei den Einheimischen großer Beliebtheit erfreuen, so das **Monte Verde** an der Príncipes de España, 10 (Tel. 922 13 65 02; schlichte Einrichtung; Stockfisch und Puchero sind sehr zu empfehlen; ◯).

Das Ausflugslokal **Mirador Lomo Molino** genießt einen guten Ruf; es bildet sogar Gastronomieschüler aus. Die spektakuläre Aussicht reicht bis zur Punta del Hidalgo und zum Teide (Lomo Molino, Carretera El Tanque–Tierra del Trigo, Tel. 922 13 66 80, Di–Do und So 9.30–19, Fr, Sa 10.30–23 Uhr; ◯◯).

Nach dem Ortsende von El Tanque wartet bergauf Richtung Südwesten im **Camello Center** eine Schar geduldiger Dromedare auf Besucher. Bevor es losgeht, dürfen sich die Erlebnishungrigen kostümieren (Tel. 922 13 61 91). Einige Kilometer weiter wird im **Pueblo Aborigen Parque Guanche** in einfacher Weise das Leben der Ureinwohner Teneriffas dargestellt. Tgl. 10–18 Uhr, Juni–Sept. bis 19 Uhr. Eintritt Erw. 6 €. Kinder 3 €.

Vom **Erjospass** bietet sich das Panorama des Hochtals von Santiago del Teide (900 m). Nach der Durchfahrt von Tamaimo schwingt sich die Straße in großen Serpentinen hinab zur Küste.

Los Gigantes ⑬

Das ganz dem Tourismus verschriebene Los Gigantes verdankt seinen Namen den steil ins Meer abfallenden, bis zu 600 m hohen Felswänden, den ***Acantilados de los Gigantes.** Der Ort ist erheblich ruhiger als Playa de Las Américas und in sich auch etwas homogener. Zwischen Jachthafen und den Felswänden eingezwängt liegt ein sehr beliebter, durch die Hafenmolen geschützter schlichter dunkler Strand.

Los Gigantes Diving Centre, am Jachthafen, Tel./Fax

922 86 04 31. Kurse, Nachttauchen und Verleih von Unterwasserkameras.
▮ **Piscina El Laguillo,** am Jachthafen, Tel. 922 86 09 66. Meerwasserschwimmbad; Snackbar/Restaurant.

Dieta Mediterranea, Los Gigantes, Poblado Marinero, 4, Tel. 922 86 11 34. Am Jachthafen gelegen; italienische Küche. ❍

Puerto Santiago ⓮

Im benachbarten, vom Fischerort zum Touristenzentrum konvertierten Puerto Santiago gibt es hingegen einen fast schon bis zur Schwelle der Sterilität veredelten schwarzen Sandstrand, **Playa de la Arena,** der ebenfalls viele Besucher anzieht. (Beim Baden auf Unterströmungen achten!)

Información im Einkaufszentrum hinter der Playa de la Arena, Tel. 922 86 03 48.

Busverbindungen: Direktverbindungen nach Puerto de la Cruz, entlang der Südwestküste bis nach El Médano und Guía de Isora.

Bezüglich Zimmersuche vgl. Playa de Las Américas (s. S. 52).
▮ **Barceló Santiago,** La Hondura, s/n, Tel. 922 86 19 12, Fax 922 86 18 08, www.barcelo.com. An der Steilküste, 406 Zimmer, Pool, Sauna, Squash, Fitnessräume. ❍❍❍

Auf der Küstenstraße geht es vorbei an Bananenplantagen und kleineren Urlaubsorten zurück nach Playa de Las Américas. Einen Abstecher lohnt **Alcalá,** das letzte vom Tourismus noch nicht vereinnahmte Fischerdorf an der Westküste. Im Hafen entstand ein netter Badeplatz mit Treppen ins Meer.

Tour 2

Im Reich des Teide

Puerto de la Cruz → *La Orotava → Aguamansa → Teide-Nationalpark → Vilaflor → Arona → Los Cristanos (90 km)

2 Karte Seite 61

Von Küste zu Küste zeigt sich Teneriffa als Kontinent en miniature von seinen extremsten Seiten. Einmalig auf dem kanarischen Archipel sind die eigentümliche Welt der subalpinen Kraterwüsten unterhalb des Teide, die endlosen Lava- und Geröllfelder der Cañadas und natürlich das Erlebnis eines Aufstiegs in die Hochgebirgsregion selbst.

Spätestens dann, wenn tagelang die Passatwolke über Puerto de la Cruz wie festgewachsen hängt, sollte man sich aufraffen und seiner Majestät, dem Teide, seine Aufwartung machen. Denn dort oben, wo die Guanchen einst einen grollenden Gott vermuteten, lacht dem Urlauber meist die Sonne. Auf dem steilen Weg nach oben durchquert man La Orotava, den Ort, der schon in den Anfängen des klassischen Studienreisetourismus Ausgangspunkt für zahlreiche Besteigungen des Teide war – damals allerdings mit Trägern und Maultieren.

5 *La Orotava ⓯

Einen Besuch wert ist diese einst von einer reichen und zumeist adeligen Gutsbesitzer- und Kaufmannsschicht bewohnte Stadt, deren architektonisches Erbe sich im Kernbezirk in einem denkmalgeschützten Ensemble von Straßen erhalten hat.

2 Karte Seite 61

San Agustín in La Orotava

An der Plaza

Zentrum des Ortes ist die **Plaza de la Constitución,** die nach der Siesta für den *Paseo,* d. h. zum Flanieren, Plaudern, Sehen und Gesehenwerden, genutzt wird. Angelegt wie ein breiter Balkon, bietet sie eine gute Aussichtsplattform über das einst wegen seiner Vielfalt an Pflanzen so gepriesene Orotavatal. Heute fällt zuerst die wahllose Verbauung ins Auge.

Im Mittelpunkt des schattigen Platzes steht der obligatorische **Pavillon** mit Zapfhahn und Kaffeemaschine. *¿pausita?* (»Pause gefällig?«)

Vorher sollte man der am nordöstlichen Rand gelegenen Kirche des ehemaligen Klosters **San Agustín** einen Besuch abstatten, um ihre Artesonadodecke und ihre Altaraufsätze zu bewundern. Das Kloster selbst ist als Kulturzentrum ebenfalls zugänglich. An der Plaza beeindruckt ferner das an einen italienischen Landsitz erinnernde **Liceo de Taoro** mit seiner von blühenden Pflanzen gesäumten herrschaftlichen Auffahrt.

An der Carrera del Escultor Estévez

An dieser Straße, die unterhalb der Plaza beginnt, steht nicht nur das **Geburtshaus des Bildhauers Estévez,** sondern auch das spätklassizistische **Rathaus** von Villa Orotava, wie die Stadt vor ihrer Loslösung von Puerto de la Cruz hieß. Auf dem Rathausvorplatz werden zu den Fronleichnamsfeierlichkeiten in tagelanger Arbeit Bildteppiche mit religiösen Motiven aus pastellfarbenen Vulkanerden und Blüten ausgelegt. Hinter dem Rathaus wächst und gedeiht in einem kleinen Ableger des Botanischen Gartens von Puerto de la Cruz, im **Hijuelo del Botánico,** eine Vielzahl tropischer und subtropischer Pflanzen (nur vormittags geöffnet).

Geistlicher Mittelpunkt von La Orotava ist die Barockkirche **Nuestra Señora de la Concepción.** Ihre beiden Türme und die sie überragende Kuppel markieren den baulich sehenswertesten Teil der Altstadt. Im Innern des düsteren Gotteshauses zeugen zahlreiche Retabeln von der kanarischen Holzschnitzkunst. Auch Luján Pérez und Fernando Estévez sind mit je zwei Statuen vertreten (Mater Dolorosa

Pueblo Chico

Jüngste Attraktion im Orotava-Tal: eine Miniaturstadt, die Beispiele kanarischer Architektur im Maßstab 1:25 präsentiert. Das 20 000 m² große Gelände ist behindertengerecht gestaltet.

Tgl. 9–19 Uhr, Tel. 922 33 40 60, www.pueblochico.com. Eintritt: Erwachsene 12 €, Kinder bis 12 Jahre 6 €, unter 4 Jahren gratis. Kostenloser Shuttlebus ab Puerto de la Cruz.

und Johannes d. Evangelist bzw. Candelaria und hl. Petrus).

Die steil nach oben ansteigende Straße führt an einigen älteren Adelspalästen vorbei. Zur Linken folgt bald die ***Casa de los Balcones** aus dem Jahre 1632. In den Räumen und dem Patio des sehenswerten Hauses werden kunstgewerbliche Arbeiten feilgeboten. Ebenso in der gegenüberliegenden, 1590 errichteten **Casa de la Alfombra.** Auf ihrer Terrasse kann man im Kleinformat ein Beispiel der oben angesprochenen Fronleichnamsteppiche sehen. Ein paar Meter weiter ist der mächtige Komplex des **Hospital de la Santísima Trinidad** angesiedelt.

El Farrobo und Gärten

Oberhalb beginnt das so genannte Mühlenviertel *(El Farrobo)*. Wer sich die Mühe macht, hinaufzugehen, entdeckt Aquäduktbögen, über die das Wasser auf die Schaufeln der Mahlwerke geleitet wurde. Aus der **Mühle** mit der Nr. 3, in der steilen Gasse Dr. Domingo Gonzáles García, dringt der Duft von frisch gemahlenem Gofio. Hier drehen sich heute die Mühlsteine per Elektromotor. Schauen Sie hinein, Besucher sind willkommen!

Auf dem Weg zurück zur Plaza de la Constitución passieren Sie die Gärten **Jardín Marquesado de Quinta Roja**. Auf ihrem höchsten Punkt steht das Mausoleum des Diego Ponte del Castillo, von dem aus Sie einen weiten Blick über die Altstadt haben (Zugang von der Plaza aus; tgl. 9–14 Uhr; Eintritt 2 €).

Casa Tafuriaste

In der Calle Leon 3 finden Sie die Casa Tafuriaste. Hier kann man Töpfern bei der Arbeit zusehen und in einem kleinen Museum Tonwaren von Insel und spanischem Festland besichtigen (Tel. 922 33 33 96, Mo–Sa 10–18 Uhr).

2
Karte Seite 61

2
Karte Seite 61

Unterhalb der Plaza de la Constitución

Hier ist der Turm der **Iglesia Santo Domingo** auszumachen. Im ehemaligen Konventsgebäude der Dominikaner hat man auf zwei Stockwerken ein vorzügliches Museum des iberoamerikanischen Kunsthandwerks liebevoll eingerichtet, das **Museo de Artesanía Iberoamericana** (Tomás Zerolo, 34, Tel. 922 32 33 76; Mo–Fr 9.30–18, Sa 8–14 Uhr). Allein die Sammlung der Musikinstrumente, aber auch Keramik, Flechtwaren und die kleine Auswahl preisgekrönter Möbel machen Laune.

In der **Casa Torrehermosa** gegenüber kann man schöne kunsthandwerkliche Produkte der Provinz Teneriffa erstehen (Tomás Zerolo, 27, Tel. 922 33 40 13; Mo–Fr 9.30–18.30, Sa 9.30–14 Uhr).

Infos

i Oficina Municipal de Información Turística, Carrera del Escultor Estévez, 2, Tel. 922 32 30 41 (Mo–Fr 9–18, Sa 10–14 Uhr).

Busse: Pto. de la Cruz, via Cañadas nach Süden, Los Realejos, Sta. Cruz.

Hotel Rural Orotava, Carrera, 17, Tel. 922 32 27 93, 609 16 61 16, Fax 922 32 27 25, www.hotelorotava.com. In einem der ältesten Herrenhäuser acht großzügige, mit Antiquitäten ausgestattete Zimmer, alle mit modernen Bädern; Restaurant. ○○

Villa Alhambra, Nicandro González Borges, 19, Tel. 922 32 04 34, Fax 922 32 34 33, www.alhambra-teneriffa.com. Luxuriöses Herrenhaus im andalusisch-maurischen Stil. ○○

Erklärungsmodelle für den kanarischen Vulkanismus

Normalerweise sind die Ränder der sich gegeneinander verschiebenden Großplatten der Erdkruste als Zonen reger seismischer Erschütterungen und vulkanischer Erscheinungen bekannt. Der Vulkanismus der Kanaren ist ein Sonderfall, denn diese Inseln sind auf der afrikanischen Großplatte rund 1000 km entfernt von dem im Mittelatlantik und im Mittelmeer verlaufenden Plattenrand entstanden.

Diese Situation hat in der Wissenschaft zu verschiedenen Theorien geführt. Eine versucht die Entstehung des Archipels mit dem zwischen dem Hohen Atlas und dem Antiatlas klaffenden Atlas-Bruch in Marokko, in dessen Verlängerung die Kanaren liegen, zusammenzubringen. Die Spannungen, die für diesen Bruch verantwortlich sind, setzen sich dieser These gemäß im Atlantik fort und haben zu Rissen im Ozeanboden geführt, aus denen die Kanaren hochgeschossen sind.

Eine andere, die »Hot-Spot-Theorie«, vermutet eine relativ konstant am Ort verharrende Zone erhöhter Temperatur unter der Lithosphäre, die für Instabilität in der Erdkruste sorgt und zu gelegentlichen Vulkanausbrüchen führt. Mit der allmählichen, Millionen von Jahren dauernden Fortbewegung der Großplatten über diesen Hitzepunkt hinweg versucht man die räumliche Anordnung und die zeitliche Abfolge der Entstehung der Inseln zu erklären.

Staunen über Las Cañadas, einen der größten Krater der Welt

Sabor Canario, im stimmungsvollen Innenhof des Hotels Orotava (s. links). Traditionelle kanarische Küche in rustikalem Ambiente. So geschlossen. ❍

Unterwegs zu den Cañadas

Über die östliche Neustadt verlässt man La Orotava und folgt der Beschilderung in Richtung N. P. El Teide. In langen Serpentinen windet sich die Straße durch das grüne Hangtal aufwärts und passiert mehrere Weiler.

Aguamansa ⓰, in etwa 1000 m Höhe unterhalb der Kiefernwaldzone gelegen, ist bekannt für seine Fischteiche. In einer begehbaren Anlage werden in mehreren Becken Forellen und Karpfen gehalten. In einem angrenzenden Lehrwald mit beschilderten Bäumen steht eine Volierenreihe, die als Vogelasyl dient. Verletzte oder verstoßene Jungvögel erhalten hier vorübergehend oder auf Dauer Unterkunft.

Von Aguamansa aus, wo man sein Auto bei den Fischteichen abstellen und sich an einem Überblicksplan orientieren kann, bieten sich eine Reihe von schönen Spaziergängen an, beispielsweise zu **Los Órganos,** einer hohen Wand von ausgewaschenen Felspfeilern, die Orgelpfeifen ähneln. Überhaupt ist der gesamte Wald oberhalb des Orotavatals von deutlich markierten Wanderwegen durchzogen; mehrere Unterstände bieten bei Regenfällen Unterschlupf.

Auf dem Weg zu den Cañadas fällt zwischen den Kilometersteinen 22 und 23 eine große »Basaltblume« links der Straße auf. Die Einheimischen haben das rosettenförmig aus dem Felsen ragende, grob kristalline Gestein **Marguerita de Piedra** getauft. Bei **El Portillo,** einer kleinen Ansammlung von Häusern mit einer Erste-Hilfe-Station und einer Feuerwache, erreicht man den Teide-Nationalpark.

2 Karte Seite 61

6 Teide-Nationalpark

****Las Cañadas** heißt der von vielen Lavaströmen und kleineren Vulkankegeln übersäte Kraterboden eines Urvulkans. Seine ellipsenförmige Caldera gehört mit einer Längsachse von 17 km und einer Querachse von 12 km zu den größten der Welt. Ein **Centro de Visitantes** ⓱ (Besucherzentrum, tgl. 9 bis 16 Uhr), zwischen El Portillo und einer Reihe von Ausflugslokalen (El Portillo Alto) gelegen, weist mit Schaukästen, Faltblättern und einer Multimediashow (auch auf Deutsch) auf die Besonderheiten des Naturschutzgebietes hin.

Wandertipp

Für den Wanderfreund beginnt gegenüber dem Zentrum ein 16 km langer Weg (»Siete Cañadas« ausgeschildert), der beim Hotel **Parador** ⓲ endet. Er ist nicht beschwerlich, soweit es die Höhenunterschiede betrifft, we-

2
Karte Seite 61

gen der absoluten Höhe, der Dauer und der Hitze möglicherweise schon. Die Orientierung ist einfach. Festes Schuhzeug, eine Karte, Sonnenschutz und genügend Durstlöscher sind Pflicht. Wer Mufflons sehen will, braucht ein Fernglas und Geduld. Besonders empfehlenswert ist die Wanderung zwischen Mai und Juli, wenn die eindrucksvollen Blütenkerzen des Roten Teide-Natternkopfs und Ginster die Vulkanlandschaft mit leuchtenden Blüten betupfen. Die Luft ist dann erfüllt vom Summen zahlreicher Bienenvölker. Sie sollten 4,5 Stunden reine Gehzeit einplanen. Wer auf den Bus angewiesen ist, muss vor 16 Uhr den Parador erreicht haben. Dort ist eine Haltestelle für beide Richtungen (Puerto und Las Ámericas).

In **Die Reise nach Südamerika** (Göttingen, 5. Aufl. 1998) beschreibt Alexander von Humboldt im zweiten Kapitel seinen Aufenthalt auf Teneriffa und insbesondere die beschwerliche Besteigung des Teide.

Aufstieg zum **Pico del Teide

Ein Bimssteinkegel ist auch die **Montaña Blanca,** von deren Fuß aus – in 2300 m Höhe – man in der Regel die Besteigung beginnt. Mit 3717 m ist der Pico del Teide nicht nur der höchste Berg des kanarischen Archipels, sondern ganz Spaniens.

Der **Gipfelweg** oberhalb von 3600 m steht 9–17 Uhr nur einer begrenzten Besucherzahl pro Tag mit schriftlicher Genehmigung der Nationalparkverwaltung in Santa Cruz, C. Emilio Calzadilla, 5 (Tel. 922 29 01 29, Fax 922 24 47 88, Kopie des Personalausweises notwendig) offen.

Erdgeschichtlich gesehen stellt der Teide eine junge Erhebung dar; vermutlich ist er erst 600 000 Jahre alt. Wie man an seiner Form gut erkennen kann, hat er sich in mehreren Schüben gebildet. Zunächst gab es den riesigen Urvulkan, dessen Kuppe entweder abgesprengt oder – was wahrscheinlicher ist – wieder eingesunken ist. Auf seinem Kraterboden schoss zunächst der kleinere Nachbarvulkan des Teide, der **Pico Viejo,** empor. Danach erhob sich der massige Kegelstumpf des Teide bis auf eine Höhe von fast 3600 m. Den deutlich sichtbaren Absatz nennt man **Rambleta.** Der letzte Schub setzte dem Teide noch

Lavabildnisse

Auch von der Straße aus kann man im steinigen und staubigen Lehrbuch der Lavabildung lesen. Besonders raue und bewegte Oberflächen rühren von einer sehr gashaltigen Lava her, die unter ständig spritzenden Entgasungen zu Tal geflossen ist. Schwarz glänzende, glasähnliche Oberflächen sind schnell erkaltete Schmelzen, die keine Zeit zur Kristallbildung hatten. Man nennt sie Obsidiane. Manche zähflüssige Lava ist in breiten Wülsten erstarrt; wegen des zopfartigen Musters spricht man von Stricklava. Weite Teile der Cañadas sind bedeckt mit kleinen Kegeln aus leichtem Bimssteingrus, deren Pastellfarbtöne von Türkis bis Rotbraun reichen. Diese Auswurfmassen sind so porös, dass sie Wasser binden können. Noch heute verwendet man sie im kanarischen Trockenfeldbau.

Der Teide-Nationalpark bietet Wanderern eine faszinierende Szenerie

2 Karte Seite 61

ein Hörnchen auf, den Pitón. Im Gegensatz zu dem Krater des Pico Viejo ist der Teidekrater mit etwa 30 m Tiefe nicht sehr imposant. Aus kleinen Felsspalten im und am Krater entweichen dünne Schwaden schwefelhaltigen Gases (Solfataren), die als Indiz für einen abklingenden Vulkanismus gelten. Ihre Temperaturen betragen am Ausgangspunkt ca. 85 °C – ausreichend, um Eier zu kochen.

Bergwanderer lockt selbstverständlich die Gipfelbesteigung. 5,5 Std. dauert der teilweise sehr steile Aufstieg. Eine Übernachtung in der **Berghütte Altavista** ist empfehlenswert. Infos unter Tel. 922 53 37 20 (spanisch) oder www.tenerife.es.

Eine Stunde lang geht es im weiten Bogen um die Montaña Blanca herum gemächlich bergauf bis auf eine Höhe von 2800 m. Man passiert dabei inmitten der ausgedehnten Bimssteinhänge große, schwarze Vulkanbomben, die sog. **Huevos del Teide** (»Eier des Teide«). Danach geht es rund eineinhalb Stunden steil in die Höhe. Die **Estancia de los Ingleses** und die **Estancia de los Alemanes,** zwei von Felsbrocken markierte Absätze, unterbrechen das Gefälle und laden zur Rast ein. In 3300 m Höhe erreicht man die auf 60 Schlafplätze ausgelegte **Altavista-Hütte.** Sie hat Küche, Krankenzimmer, Toiletten und einen kleinen Laden. Zwei Stunden bevor die Sonne aufgeht, lassen sich die meisten Schläfer wecken, um den Sonnenaufgang und das Wandern des Teide-Schattens am Gipfel erleben zu können. Bis 9 Uhr können Sie ihn ohne Erlaubnisschein ersteigen. Mit der Taschenlampe geht es aufwärts. Nach einer Stunde ist die Rambleta erreicht, an der auch die Seilbahn endet. Jetzt noch eine letzte Anstrengung – und der Rundblick ist gigantisch!

Mit der Seilbahn zum Teide

Der einfachere Weg auf den Teide führt über die Seilbahn. In der Hochsaison muss man allerdings Wartezeiten von bis zu zwei Stunden in Kauf nehmen. Die beiden gegenläufigen Kabinen sind von 9 bis 16 Uhr im Einsatz und überwinden den Höhenun-

2
Karte Seite 61

terschied von 1200 m in acht Minuten. Bei starkem Wind wird der Betrieb eingestellt (Infos unter Tel. 922 38 37 11, Erwachsene 20 €, Kinder 10 €).

Auf der Cañadas-Straße

Zu den Hauptanziehungspunkten an dieser Straße zählen ***Los Roques de García** (gegenüber vom Parador). Eine Reihe von Felsen trennt quasi die Hochebene der Cañadas von ihrer Tiefebene. Es sind die Überreste von durch Erosion herauspräparierten Vulkanschloten und Schichtformationen, die wegen einer aufliegenden härteren Schicht partiell erhalten blieben.

Der **Parador** stellt innerhalb der Cañadas das einzige Hotel dar und bietet jetzt den Luxus der Vier-Sterne-Kategorie – ein guter Ausgangspunkt für Hochgebirgsausflüge. Parador de Las Cañadas del Teide, Apdo. de Correos, 15, 38300 La Orotava, Tel. 922 38 64 15, Fax 922 38 23 52, www.parador.es.

Gleich neben dem Parador liegt das **Informationszentrum Cañada Blanca.** Es ist den Menschen, die in dieser Zone lebten, gewidmet: den Guanchen und den Hirten. Seit Urzeiten hatten sie hier oben ihre Herden geweidet, mussten aber 1954 ihr angestammtes Territorium verlassen. Tgl. 9–16 Uhr.

Der Cañadas-Straße folgend, gelangt man durch türkisfarbene Felsen, *Los Azulejos* genannt, hinunter auf den **Llano de Ucanca.** Diese brettebene Fläche diente schon mehrfach als Kulisse für Science-Fiction-Filme.

Bevor man die Cañadas in Richtung Vilaflor bei *Boca de Tauce* wieder verlässt, ist auf der linken Seite in geringer Höhe eine Felsformation zu erkennen, die den sprechenden Namen **Zapato de la Reina** trägt. Tatsächlich sind mit wenig Fantasie die Umrisse eines Stöckelschuhs zu erkennen. Kurz vor Vilaflor (bei km 65) zweigt ein Forstweg links ab. Nur zu Fuß erreicht man nach ca. 6 km ein Hinweisschild zum **Campamento Madre de Agua.** Eine gute halbe Stunde später steht man mitten in der Mondlandschaft.

Vilaflor ⓳

Das 1400 m hoch gelegene Dorf beansprucht den Superlativ, das höchste der Kanaren zu sein. Es ist bekannt für seine gute Luft und für ein direkt an der Quelle in Flaschen abgefülltes, gesundes Mineralwasser. Früher hatte auch der Begriff Vilaflor-Spitzen einen guten Namen. Unübersehbar ist der terrassierte Trockenfeldbau. Wer das alles von oben sehen will, begibt sich hinauf zur Einsiedelei jenseits des Barranco. Dort kann man einkehren.

El Nogal, Camino Real, La Escalona/Vilaflor, Tel. 922 72 60 50/09, Fax 922 72 58 53, www.hotelnogal.com. Kleines Landhotel, schmucke Zimmer; deutschsprachig. ○○○

El Mirador, Tel. 922 70 91 35, Mo–Do 10–20, Sa/So 12 bis 20 Uhr, Fr Ruhetag; im Juni Betriebsferien. Das Terrassenlokal liegt unterhalb der Einsiedelei. ○

- **Casa Chico,** Calle Sta. Catalina, s/n, Tel. 922 70 90 52, tgl. 12–16.30, 19–21 Uhr. In dem urig eingerichteten Lokal kommen kanarische Spezialitäten auf den Tisch. Außerdem verfügt das Haus über einige einfach eingerichtete Zimmer; Verkauf von Spitzen. ○
- **El Refugio,** Ifonche bei La Escalona, Tel. 922 72 58 94, Fr–Di 12–21 Uhr. Der Schweizer Koch passt die Karte ständig dem frischen Angebot des Marktes an. Auch Unterkünfte und Transport von Paraglidern. ○

Touristenstadt mit Hafenatmosphäre: Los Cristianos

Arona ⑳

Ähnlich wie Adeje hat Arona vom Reichtum seiner Küstenagglomeration, Los Cristianos, profitiert. In der **Kirche** am Platz, die San Antonio Abad zum Patron hat, wird eines der schönsten Retabeln Spaniens aufbewahrt. Da es nicht in die Kirche passte, hat man es kurzerhand oben abgeklappt.

Patio Canario, D. Alfonso, 4, Tel. 922 72 55 03. Kanarische und belgische Küche; Reservierung empfehlenswert, So und Mo geschl. ❍

Unterhalb von Arona wurde auf kargem Boden eine tropische Landschaft angelegt, der **Parque Ecológico Las Aguilas del Teide.** Eine Hauptattraktion dieses »Ökologieparks« ist seine Greifvogelschau. Tgl. 10–18 Uhr, Tel. 922 75 30 01. Erw. 15 €, Kinder ab 6 Jahre 7,50 €. Mehrmals tgl. Buszubringer ab Playa de Las Américas und Los Cristianos.

Los Cristianos ㉑

An der **Urbanización Chayofa,** einer blühenden Oase in der Wüstenei, vorbei, holt einen der Urlaubsalltag wieder ein. Los Cristianos ist in seiner Infrastruktur Las Américas vergleichbar, aber es geht noch etwas weniger hektisch zu. Vom Hafen verkehren die Autofähren und das Schnellboot nach La Gomera, La Palma und El Hierro. Ein Windjammer lädt zur Küstenschifffahrt und Hochseeboote zum Delfingucken ein. Der Sandstrand und die Bucht sind durch die Mole geschützt.

Auf der Kaimauer im Fährhafen haben Tierschützer 25 Wal- und Delfinarten in Originalgröße verewigt. Die Malerei brachte ihnen einen Eintrag im Guinnessbuch der Rekorde ein. Das **Kulturzentrum** an der Plaza de los Pescadores präsentiert moderne Kunst und preisgekrönte Filme.

Oficina de Información Turística im Kulturzentrum und auf der Promenade der Playa de Las Vistas, Tel. 922 75 71 37, Fax 922 75 24 92.

Busverbindungen: nach Vilaflor, an die Strände des Südwestens, nach Santa Cruz, Puerto, zum Flughafen »Reina Sofía«.

Mediterranean Palace, Avenida del Litoral, Tel. 922 79 44 00, Fax 922 79 36 22, www.expogrupo.com. Elegantes Fünfsternehotel an der Playa de las Vistas. ❍❍❍

Oasis Moreque, Avda. Juan Carlos I, 28, Tel. 922 79 03 66, www.h10.es. Sehr gutes MIttelklassehotel (170 Zi.) direkt an der Strandpromenade. ❍❍

An der Grenze zu Las Américas lädt man in der monumentalen **Pirámide de Arona** zu aufwändig inszenierten Shows und ins Spielcasino.

2 Karte Seite 61

Tour 3

Immergrünes Anagamassiv

***La Laguna → Las Mercedes → Taganana (→ Chamorga) → San Andrés → La Laguna**

3 Karte Seite 73

Ausgehend von der ehemaligen Hauptstadt des Archipels, La Laguna, die noch immer sein geistiges Zentrum ist, führt diese Route auf engen, gewundenen, zuweilen steilen Straßen quer durch ein Bergmassiv, das an vielen Stellen von dichtem Lorbeerwald und flechtenbehangener Baumheide überwachsen ist. Sofern es die Passatwolke zulässt, tun sich bei guter Sicht zu beiden Seiten des Wegs immer wieder atemberaubende Ausblicke auf Schluchten, Berggrate, Steilküsten und vorgelagerte Inseln auf.

7 *San Cristóbal de La Laguna ㉒

Die Stadt (134 000 Einw.) ist eine Gründung von Alonso Fernández de Lugos. 1723 verlor sie das Privileg, Hauptstadt zu sein, an das ökonomisch inzwischen bedeutsamere Santa Cruz. Knapp 100 Jahre später wurde La Laguna Bischofssitz und Universitätsstadt. Beides prägt noch heute das Leben der einstigen Kapitale.

Nirgendwo sonst werden Feste, sei es aus religiösem oder universitärem Anlass, so ernst und feierlich begangen wie hier, und nirgendwo sonst gibt es eine so kommunikative und herzliche Szene wie in den Studentenkneipen des Univiertels Barrio Nuevo.

Der Palacio de Nava in La Laguna

Zwischen Klostermauern

Wer zur Zeit der Siesta durch die Straßen La Lagunas streift, kann sich kaum ein abgekapselteres Gemeinwesen vorstellen; die ganze Altstadt wirkt dann wie ein einziger Klausurkonvent. Von Straßenecke zu Straßenecke reichende, weitgehend fensterlose Klostermauern wie die von **Santa Clara** in der Calle de Viana oder die von **Santa Catalina** am Hauptplatz der Stadt, der **Plaza del Adelantado,** verstärken diesen Eindruck. Alles Leben scheint ins Gebäudeinnere gekehrt, wo ein pflanzenbestandener Patio Schatten spendet.

Südwestlich des Klosters Santa Catalina stößt man auf das klassizistische **Rathaus** (1822) mit einer schlichten Loggia. Das **Konsistorium** links daneben, in dem das Stadtarchiv untergebracht ist, ist mit neogotischen Fialen und pflanzlichen Ornamenten verziert. Der bedeutendste historische Profanbau der Stadt, der **Palacio de Nava y Grimón** mit einer barocken Fassade grenzt nordwestlich an Santa Catalina an: Doppelsäulen flankieren den Portikus. Die Besitzer Nava y Grimón gehörten zu den führenden Geschlechtern der Insel.

Spanische Grandezza in der ehemaligen Inselhauptstadt

An der Ostseite des Hauptplatzes befindet sich der **Markt** mit weiteren Hallen dahinter. Seine Kräuterstände werden von Kennern gerühmt.

Rechter Hand werden in der ehemaligen Einsiedelei **San Miguel,** die noch auf Anweisung von Alonso Fernández de Lugo hin errichtet wurde, interessante Gemäldeausstellungen durchgeführt (Mo 17–20, Di–Sa 11–13 und 17–20, So 11–13 Uhr).

Leicht bergab gelangt man südwärts zum ehemaligen Dominikanerkonvent **Santo Domingo.** Bereits im 16. Jh. war hier eine Klosterschule ansässig, in der Grammatik, Logik und Philosophie auf dem Stundenplan standen. Sie war damit die frühe Vorläuferin der Universität. Das Innere der Kirche dominiert ein 1948 von Mariano de Cossío gemaltes, farbenfrohes Fresko. Ganz in der Nähe prangt das schnörkellos repräsentative, neokanarische **Rektoratsgebäude** der Universität.

Während des Semesters finden regelmäßig im **Paraninfo de la Universidad** (Hauptgebäude, C. Antonio González) Konzert- und Ballettabende statt. Hinweise auf das jeweilige Veranstaltungsprogramm sind den Tageszeitungen zu entnehmen.

Verschwiegener Innenhof

Entlang der Obispo Rey Redondo

Die zentrale Hauptgeschäftsstraße beginnt an der Plaza del Adelantado. Sie führt vorbei an der an der Rückseite des Rathauses gelegenen **Casa de los Capitanes,** die im 18. Jh. Sitz einiger Militärgouverneure war und heute für Ausstellungen genutzt wird (Mo bis Sa 11–13 und 17–20 Uhr), und geleitet einen in wenigen Schritten zur Kathedrale, die auch **Iglesia de los Remedios** genannt wird.

Dieses immer wieder umgestaltete Gotteshaus hat zu Beginn des 20. Jhs. sein heutiges Aussehen angenommen, wobei man ihm seine klassizistische Fassade aus dem Jahr 1820 beließ. Eindrucksvoller ist der Bildschmuck des Retablo de los Remedios, der vom Lehrmeister van Dycks, Hendrick van Balen, stammt. Der Tabernakel des Hauptaltars ist ein Werk von Luján Pérez, das monumentale Gemälde »Die Seelen im Fegefeuer« hat sich der kanarische Künstler Cristóbal de Quintana abgerungen.

Auf der Obispo Rey Redondo gelangt man unmittelbar zur **Iglesia Nuestra Señora de la Concepción,** an deren glasiertem Taufbecken aus dem

3 Karte Seite 73

3
Karte Seite 73

15. Jh. mancher unterworfene Guanche zum ersten Mal dem Christentum huldigte. Die Kirche ist zum Nationalheiligtum erklärt worden. Zu ihren Kleinoden gehört eine mehrfarbig bemalte Artesonadodecke im Mudéjarstil, die mit reichem Schnitzwerk versehene Holzkanzel und das dunkle Chorgestühl. Aus der Werkstatt kanarischer Meister stammt eine *Predilecta,* d. h. eine auserwählte Jungfrau (Luján Pérez), und eine Namenspatronin der Kirche.

In feiner Umgebung kann man eine Verschnaufpause im Patio des Hotels Aguere (s. S. 72) verbringen. Das **Café Hotel Aguere,** Calle Obispo Rey Redondo, hat seine Tische in den Innenhof mit Jugendstilambiente gestellt. Die Konditoren stellen zudem die besten Kuchen und Torten weit und breit her.

Klöster, Herrenhäuser und Museen

Ein Bummel durch die Calle San Agustín führt an den schönsten Herrenhäusern vorbei. Den Anfang macht der **Consejero de Canarias.** Das Gebäude stammt aus dem 16. Jh. und war bekannt wegen eines der schönsten Patios der Insel.

In den Räumen des renovierten Instituto Canarias – Cabrera Pinto (Calle San Agustín) finden wechselnde Ausstellungen statt. In seinem lauschigen **Patio de los Cipreses** führen etablierte und um Anerkennung ringende Musiker, Tänzer, Autoren und Schauspieler ihre Werke auf. Hinweise in den Tageszeitungen.

Der **Convento San Agustín,** eines der ältesten und schönsten Gebäude Teneriffas, ist, komplett saniert, erst kürzlich als Ausstellungsgebäude eröffnet worden. Durch den Eingang im Glockenturm betritt man einen großen zauberhaften Innenhof mit Kreuzgang. Ein weiterer Patio schließt sich an. Mo–Sa 10–14, 17–21, So, Fei 11–14 Uhr. Am nahen **Palacio Episcopal** (Bischofspalast) gewährt ein schmiedeisernes Tor den Blick in einen Rosengarten.

Eine Ecke weiter hat man in einem Spätrenaissancebau von 1593, der Casa Lercaro, das **Museo de Historia de Tenerife** eingerichtet (S. Agustín, 22, Tel. 922 82 59 49; Di–So 9–19 Uhr). Im Mittelpunkt seiner Sammlung steht die spanische Epoche der Insel von der Conquista bis in unsere Tage.

Die **Casa Montañaes** nebenan beherbergt den Consejero de Canarias, den Kanarischen Rat. Tagsüber ist der Zugang offen. Treten Sie ein und genießen Sie die herrlichen Innenhöfe.

Wer sich mehr für den Mikro- und Makrokosmos interessiert, hat am Ortsausgang (Richtung Santa Cruz) im **Museo de la Ciencia y del Cosmos** reichlich Gelegenheit, an Knöpfen zu drehen, um die sonderbare Welt der Naturphänomene kennen zu lernen. In einem zeitgenössischen Betonbunker wird an 70 Stationen, enzyklopädisch programmierten Computern, in einem Planetarium und Filmräumen handgreiflich und augenscheinlich verdeutlicht, welchen Gesetzen das Universum unterworfen ist (Vía Láctea, Tel. 922 31 52 65; Di–So 9–19 Uhr).

Punto de Información Turística im Pavillon auf der Plaza del Adelantado, Tel. 922 63 11 94.

Busverbindungen: Vom Busbahnhof neben der Autopista del Norte fahren in kurzen Abständen, 24 Std. am Tag,

Ausblick vom Mirador del Inglés, einem der Aussichtspunkte im Anagagebirge

Groß und Klein beteiligen sich an den Osterprozessionen

3 Karte Seite 73

Busse nach Sta. Cruz ab. Gute Verbindungen nach Pto. de la Cruz. Fast alle Busse ins Anagagebirge (nur wenige Abfahrten täglich) starten hier.

Aguere, La Carrera, 55, Tel. 922 25 94 90, Fax 922 63 16 33. Einfaches Hotel in einem stimmungsvollen Altbau (1760); 20 Zimmer gruppieren sich um einen hellen begrünten Patio. ❍❍
▮ **Nivaria,** Plaza del Adelantado, 11, Tel. 922 26 42 98, Fax 922 25 96 34, www.hotelnivaria.com. Renoviertes Haus aus dem 18. Jh., 11 Appartements, 62 Studios; Squashcourt. ❍❍

Casa Maquilla, Callejón Maquilla, Tel. 922 25 70 20. Im besten Restaurant der Stadt mit historischem Ambiente wird traditionelle kanarische Küche zelebriert. Besonders empfehlenswert: knusprigen Gerichte aus dem Ofen. 12–15, 19–24 Uhr, So abends und Mo geschlossen. ❍❍
▮ **Patio Canario,** C. Manuel de Ossuna, 8. Rustikales kanarisches Restaurant in einem Gebäude aus dem 18. Jh. mit überdachtem Patio. Typisch kanarische Bauernkost. An einigen Tagen wird Volksmusik dazu gespielt. Tgl. 12.30–16.30, 20–1.30 Uhr. ❍
▮ Wer sehr gut und – nicht unbedingt billig essen will, sucht die Restaurants von **Guamasa** (s. S. 91) an der Straße La Laguna–Tacoronte auf, wo sich die Kellner um die bessere Gesellschaft der Hauptstädte drängeln.

Für Imbisse begibt man sich in das Kneipenviertel um die Heraclio Sánchez und Dr. Antonio González. Ein legeres Tapas-Lokal ist z. B. **Tonique** (Edificio Galaxia, Her. Sánchez). Im **Tocuyo,** Juan de Vera, ist das Publikum gesetzter. Manchen mag es reizen, bei Wein vom Fass an der Wand die geistreichen Sprüche zu enträtseln, die andere zu fortgeschrittener Stunde hinterlassen haben. Wer es szenemäßiger mag, schaut ins **Nueva Visión,** Elías Serra Rafols, oder in die **Bar de Blues,** Dr. Zamenhof. Noch ein Tipp für Nachtschwärmer: Man trifft sich gegen Morgen in der **Chocolatería Miguel Angel** beim Markt (hinter der Plaza del Adelantado) und strapaziert den Zahnschmelz mit in Öl gebackenen Teigwürsten *(churros),* die in heiße Schokolade getaucht werden.

8 Westliches Anagagebirge

Der Beschilderung nach Las Mercedes oder der nach Bajamar (Abzweigung in Las Canteras nicht verpassen!) folgend, gelangt man in den Wald von **Las Mercedes** ㉓. Er gehört zu den schönsten Beständen an kanarischem *Laurisilva*. An vielen Stellen geht der Lorbeerwald über in eine strauchartige Pflanzenformation, die man *Fayal-Brezal* nennt, weil ihre charakteristischen Baumsträucher der Gagelbaum und die Baumheide sind; für die Mischung ist der Ausdruck *Monteverde* (»Grüner Berg«) gebräuchlich.

Von den Aussichtspunkten entlang der Straße gewähren **Mirador Jardín** und **Cruz del Carmen** einen Blick über die Hochebene von La Laguna bis zum Teide. Nach 11 Uhr vormittags ist Cruz del Carmen freilich häufig schon von der Passatwolke verhüllt.

Wer sich das westliche Anagagebirge zu Fuß erschließen will, hat in **Cruz del Carmen** einen guten Ausgangspunkt (Parkplatz vorhanden). Auf einer gut vierstündigen, mittelschweren Wanderung über *Las Carboneras*, eine ehemalige Köhlersiedlung, und *Chinamada*, bekannt für seine Höhlenwohnungen, erreicht man **Punta del Hidalgo** (vom Ausgangs- und Endpunkt bestehen Busverbindungen nach La Laguna). Auf dem lückenhaft ausgeschilderten Weg, der genau gegenüber vom Mirador beginnt, durchquert man den dschungelhaften Niederwald der Wolkenzone und langt schließlich in der trockeneren Sukkulentenformation in Küstennähe an.

3 Karte Seite 73

!! Unterwegs begegnet Wanderern hin und wieder ein abgemagerter Hund. Meist ist es ein Jagdhund, der seine Meute verloren hat, so manches Mal auch ein ausgesetz-

ter Vierbeiner. Das arme Tier hat ganz sicher mehr Angst als Sie und ergreift die Flucht, sobald Sie sich bücken, als wollten Sie einen Stein aufheben. Wem das Elend der ausgesetzten Tiere zu Herzen geht, der kann das von Rita Lehmkuhl gegründete **Refugio para Animales** in Punta Brava/ Puerto de la Cruz (Tel. 922 37 24 31) oder die **Arche Noah Teneriffa e. V.** (www.archenoah.de) unterstützen.

3
Karte
Seite
73

Der Ausblick vom ***Pico del Inglés** zählt zu den schönsten der ganzen Insel. Man überschaut nicht nur all das, was die anderen Miradores schon geboten haben, sondern man genießt auch die beste Übersicht über das Anagagebirge. Von der Punta del Hidalgo im Westen bis zu im Osten vorgelagerten Inseln, den Roques de Anaga, reicht der nach Norden hin offene Kreissektor.

Bei **El Bailadero** lässt sich das Schauspiel des Passats besonders gut beobachten (Jacke nicht vergessen).

Im einfachen Lokal unter dem Kamm kann man sich auch bei einer kräftigen Kichererbsensuppe *(sopa de garbanzos)* oder einem Schluck schweren Taganana-Weins (17 %) aufwärmen.

Taganana ㉔

Um den malerisch am Nordhang des Anagagebirges gelegenen Ort mit Blick auf das Meer zu erreichen, muss man eine abenteuerliche Serpentinenfahrt (15 % Gefälle) in Kauf nehmen. Lassen Sie Ihr Auto auf dem Parkplatz am Ortseingang stehen! Abgesehen von einigen auf Touristen eingestellten Lokalen hat sich Taganana seine

Verlassene Dörfer – magische Orte für Aussteiger

Wer durch das Anagagebirge wandert, trifft vor allem im östlichen Teil auf verlassene Weiler und Dörfer wie etwa **Las Palmas** oder **Las Casillas.** Sie liegen schön, aber sie sind nicht an das Straßennetz angeschlossen. Das hat jede Besorgung mühsam gemacht, ebenso den Verkauf der eigenen agrarischen Produktion. Außerdem, wird sich mancher Bauer gefragt haben: Lohnt es denn, sich auf den terrassierten Steilhängen den Buckel krumm zu ackern, wenn man hört, was ein »feiner« Kellner in Las Américas bekommt? Ganz aufgegeben haben einige Abwanderer ihre Häuser jedoch nicht. In den leer stehenden Behausungen übernachten hin und wieder Hirten.

Mittlerweile lassen sich für eine Saison oder länger junge Leute mit Erlaubnis der Besitzer nieder. Ihr temporäres Domizil statten sie oft mit esoterischen Gemälden aus. In stundenlangen Wanderungen müssen sie sich das Lebensnotwendige herbeiholen. Nicht alle mögen Besucher. Dort, wo man willkommen ist, machen Bekenntnisse und Erzählungen vom zurückgezogenen naturverbundenen Leben, von spektakulären Himmelserscheinungen und von der hermetischen Sprache der Einsamkeit die Runde. Den Dörflern bleiben die asketischen Freunde des eigenen Innenlebens suspekt; sie halten die Aussteiger für Hippies, mit denen sie nichts verbindet.

Einfachheit bewahrt. Vielen Bauern gehören die kleinen Parzellen nicht, die sie bestellen; im Idealfall dürfen sie die Hälfte der Ernte behalten. Der fruchtbare Boden lässt in der Regel eine 20-fache Vermehrung des eingesetzten Saatguts zu.

Obwohl man im Anagagebirge sogar in großen, fast unzugänglichen Höhen immer wieder kleine terrassierte Felder findet, eignen sich weite Teile des Massivs nur als Ziegenweide. Auf Wanderungen begegnet man denn auch Hirten, die ihre meist kleinen Herden durch das unwegsame Gelände dirigieren. Noch heute verwenden sie aus Ziegenleder gefertigte Beutel *(zurrones)*, in denen sie Wein, Wasser und Gofio (s. S. 22) mit sich führen. Zur Aufbesserung des Speiseplans bzw. des Haushaltsgeldes geht man hin und wieder auf Kaninchenjagd. Dazu werden gerne gezähmte, in länglichen Boxen mitgeführte Frettchen eingesetzt.

Am Strand unterhalb von Taganana finden Sie einige der besten Fischrestaurants der Insel. Im **Playa** bekommen Sie neben frischem Fisch vorzüglichen *choco frito* (gebratenen Tintenfisch).

Die **Playa Benijo**, kurz hinter der Abfahrt nach Almacíga, ist ein Treffpunkt für Wellenreiter. An Wochenenden und in den Sommerferien ist der Strand von Einheimischen stark besucht, in der übrigen Zeit haben Sie ihn für sich allein. Vorsicht Unterströmung! Bei Flut wird er wie die anderen Strände in dieser Zone überspült.

Abstecher nach Chamorga ㉕

Wer mit dem Mietwagen unterwegs ist und auch das östliche Anagagebirge erwandern möchte, kann von El Bailadero auf der Höhenstraße einen Abstecher nach **Chamorga** machen und von dort eine fünfstündige, anstrengende Rundtour unternehmen. (Von Santa Cruz verkehrt dreimal täglich außer So und Fei der TITSA-Bus Nr. 247 über San Andrés und El Bailadero nach Chamorga.) Die Wanderung verläuft über **El Dragillo** (schöner Drachenbaum!), **Las Palmas** und **Roque Bermejo** mit seinem Leuchtturm zurück nach Chamorga. Unterwegs kommt man den **Roques de Anaga** sehr nahe, wo u. a. eine Kolonie Sturmvögel nistet. Es empfiehlt sich, ein Fernglas mitzunehmen! Am Ende zieht sich der Weg bergauf durch einen Barranco ziemlich in die Länge.

In San Andrés kommt der Fischfang frisch auf den Tisch

3 Karte Seite 73

San Andrés ㉖

Stunden bevor es dunkel wird, muss man sich auf den Weg machen, um den zwar künstlich mit Saharasand aufgeschütteten, dennoch wohl lebendigsten Strand Teneriffas noch bei gutem Licht zu genießen. Dazu fährt man unterhalb des Bailadero in Richtung Santa Cruz via San Andrés weiter. Die Straße windet sich die Südabhänge des Anagagebirges hinunter, und sogleich wechselt die Vegetation ihren Charakter. Das satte Grün weicht einem Grau-Braun-Gelb-Grün, Agaven, Kakteen, Palmen und Kandelabereuphorbien lassen einen unwillkürlich an Mexiko denken.

3 Karte Seite 73

9 Die Attraktion des Fischerdorfes San Andrés ist sein Strand ***Las Teresitas.** Eine Mole und eine Barriere von Wellenbrechern schützen Fischerboote, Sandstrand und Schwimmer vor der Gewalt des offenen Meeres. Das Notwendigste an Infrastruktur ist vorhanden: Die Wirkung unbarmherziger Sonneneinstrahlung mildern Palmen und andere Schattenspender, Strandkneipen schaffen Abhilfe gegen den Durst, und gegen Salzwasser helfen reichlich Süßwasserduschen. Doch das Schönste am ganzen Strand sind die großstädtischen Laiendarsteller, die am Feierabend ihr tägliches Erholungs- und Fitnessritual absolvieren.

Nach dem Genuss von Sonne, Sand und Meer zieht es die Badegäste in die diversen Lokale von San Andrés. Der Fisch, der hier serviert wird, kommt freilich oft aus den Kühlhäusern am Überseehafen. Kein Risiko geht ein, wer sich an Lokale hält, in denen sich lebende Fische im Bassin tummeln.

- **Ramón,** Dique, 23, Tel. 922 54 93 08. In dieser eleganten Marisquería kommen Krabben und Fisch garantiert »fangfrisch« aus dem Bassin. ❍❍
- **El Rubí,** Dique, 19, Tel. 922 54 96 73. Neben Fisch ist auch die Paella zu empfehlen. ❍❍
- **Los Pinchitos,** Guillén, 14, Tel. 922 54 92 83. Leckere Meeresfrüchte und Fleischgerichte. ❍

Tour 4

Entlang der Nordküste

Punta del Hidalgo → Bajamar → Tejina → Valle de Guerra (→ El Pris) → Tacoronte → El Sauzal → La Matanza de Acentejo → La Victoria de Acentejo → Santa Úrsula → Los Realejos (→ San Juan de la Ramba) → *Icod de los Vinos → **Garachico (75 km)

Der grüne Norden Teneriffas ist eine unregelmäßige Abfolge von schroffen, oft bis ins Meer vorspringenden Bergnasen, bizarren Steilküsten und weit ausladenden Hangtälern. Während sich an den Abgründen die Siedlungen wie Adlerhorste ausnehmen, werden die Valles, soweit nicht mit ihnen als Bauland spekuliert wird, intensiv landwirtschaftlich genutzt. Die Tour verläuft so, dass man die manifest gewordene Entwicklung fast immer wie von einem Logenplatz überblickt.

Punta del Hidalgo 27

Keine der vom Tourismus eroberten Regionen der Insel ist so fest in deutscher Hand wie der Nordosten. In **Punta del Hidalgo** ist sogar die Beschriftung öffentlicher Einrichtungen, wie z. B. des Meerwasserschwimmbeckens hinter dem Seemannsdenkmal, zweisprachig.

Nichtsdestoweniger ist Punta del Hidalgo einer der besten Ausgangspunkte für Wanderungen ins Anagagebirge. Am östlichen Ende der Hauptstraße, gleich unterhalb des Wende-

Sportfischer an der Punta del Hidalgo

punkts mit dem Denkmal für den kanarischen Liedermacher Sebastián Ramos, genannt El Puntero, beginnt eine mittelschwere Wanderung zu den Höhlenwohnungen von Chinamada.

Océano, Paseo Marítimo, Tel. 922 15 60 00, Fax 922 15 63 52, www.oceano.de. Sport- und Kurhotel mit 85 Appartements, Gesundheits- und Seminarzentrum, Meerwasserschwimmbecken; auf Wunsch Diät. ○○○

Bajamar ㉘

Kurz nach dem Ortseingang von Bajamar winkt zur Rechten über der Steilküste ein für die deutschen Besucher (und Langzeiturlauber) zur Institution gewordenes Café mit deutschem Kuchen und ebensolchem Filterkaffee: das **Café Palmerita** (tgl. 9 bis 21.30 Uhr).

Im Ort selbst spielt sich das offenkundig vom ruhigen Rhythmus der vorwiegend älteren Gäste beeinflusste öffentliche Leben um die zentralen Meerwasserschwimmbecken ab. An sonnigen Wochenenden kommen auch viele jüngere Einheimische aus der Umgebung zum Baden.

Meerwasserschwimmbecken dienen dem Badespaß in Bajamar

Delfin, Avenida del Sol, 59, Tel. 922 54 02 00, www.bajamar.es. Frisch renoviertes, in maritimem Blauweiß gestaltetes Hotel. Zu den Meerwasserbecken braucht man nur über die Straße zu gehen. ○○

Neptuno, Carretera General La Laguna–Punta Hidalgo, s/n, Tel. 922 54 25 62. Einfaches Haus am östlichen Ortsende, mit Schwimmbad. ○

Tejina und Valle de Guerra

Tejina ㉙, am Ostrand des Valle de Guerra, hat sich fast vollständig der Landwirtschaft verschrieben. Bananen, aber auch andere Feldfrüchte und Blumen werden in großflächigen Plantagen angebaut. Zuckerrohr findet man in Tejina zwar kaum mehr auf den Feldern, aber die Rumproduktion der Firma »Cocal« ist geblieben. Während der etwa drei Monate dauernden Saison können täglich 7000 Liter des alkoholischen Grundstoffes destilliert werden.

4 Karte Seite 82

Valle de Guerra ㉚ ist ebenfalls ein Landwirtschaftszentrum. Etwas außerhalb des Ortes hat sich ein Agrikulturinstitut niedergelassen, das den Bauern beratend zur Seite steht. Nur wenige Schritte entfernt befindet sich auf der anderen Straßenseite in der **Casa de Carta,** einer herrschaftlichen Finca des 18. Jhs., ein volkskundliches Museum. Mit Möbeln, Kleidung, Hausrat u. a. dokumentiert es den ländlichen Alltag der Kanaren (Di–So 9 bis 19 Uhr, Tel. 922 54 63 00).

Abstecher nach El Pris ㉛

4 Karte Seite 82

Auf dem Weg nach Tacoronte bietet sich ein Abstecher an die Küste an (4,5 km einfach). Zwar sind in dem kleinen El Pris auch moderne Appartementreihen an den Fels geklatscht, das Leben der Fischer hat sich dadurch aber kaum verändert. Ihr Viertel strahlt, mit zum Trocknen aufgespannten netzen, immer noch Romantik aus.

Über einen hübschen Spazierweg an der Steilküste lässt sich das benachbarte **Mesa del Mar** erreichen (auch Direktverbindung ab Landstraße). Die vormals wunderschöne Bucht ist leider mit einfallslosen Appartementhäusern zugebaut. Ein großes Meerwasserbecken im ersten Ortsteil und ein feiner Sandstrand im zweiten bieten sehr gute Bademöglichkeiten.

Tacoronte ㉜

Trotz der landwirtschaftlichen Vielfalt in und um Tacoronte hat sich der Ort hauptsächlich mit seinem Weinanbau einen Namen gemacht. Seine Winzer schlossen sich mit denen der umliegenden Dörfer bis hin nach Santa Úrsula zur Winzervereinigung Tacoronte-Acentejo zusammen. Sie alle haben sich verpflichtet, Qualitätsweine zu produzieren, die einer geschützten Herkunftsbezeichnung Ehre machen. Der geschäftige Ort besitzt zwei interessante Kirchen aus dem 17. Jh., die Pfarrkirche Santa Catalina und die Augustinerklosterkirche.

Wer sich für den kanarischen Wein interessiert, sollte sich im Probiersaal der **Bodegas Álvaro** beim größten Weinhändler der Insel einfinden. Das Gebäude liegt in einer Seitenstraße, von der Hauptstraße ca. 2 km vom Zentrum in Richtung La Laguna rechts abgehend (Mo–Sa 9 bis 17.30 Uhr; Tel. 922 56 03 59).

Las Cuevas de Tacoronte, Carretera General del Norte, 165, El Cantillo, Tel. 922 56 00 00. In rustikalen Räumen werden kanarische Spezialitäten serviert. ❍❍

El Sauzal ㉝

Auf das Glücklichste herausgeputzt hat sich **El Sauzal** in seinem Ortskern. Zum schmucken neokanarischen Rathaus führt eine wie ihre legendäre Verwandte aus Eisensteins Film »Panzerkreuzer Potemkin« endlos scheinende Treppe hinauf. Daneben plätschert ein kleiner, künstlicher Wasserfall in mehreren Kaskaden durch die tropische Vorgartenanlage, in der auch ein Drachenbaum steht. Von oben überblickt man die Kirche **San Pedro** mit einer maurisch anmutenden Kuppel. Bei Festen, wie z. B. dem des Kirchenpatrons am 29. Juni, wird der Kirchplatz zur Bühne mit einer filmreifen Kulisse kanarischer Bauwerke. Rechts dahinter verliert sich der Blick in der Tiefe des Abgrunds und der Weite der Küstensilhouette.

4
Karte
Seite
82

Alexander von Humboldt auf Teneriffa

Der preußische Gelehrte und Kosmopolit Alexander von Humboldt, den das Institut de France bei seinem Tod als größten Gelehrten des Jahrhunderts und als »neuen Aristoteles« rühmte, hat nur eine Woche auf der Insel verbracht, »und doch schieden wir von der Insel«, wie er selbst schrieb, »als hätten wir lange dort gelebt«. Fünf Jahre währte seine Reise, die ihn über Teneriffa (wo er den Pico del Teide bestieg) nach Süd- und Zentralamerika führte. Viermal so lang dauerte die Sichtung der mitgebrachten, vorwiegend mineralogischen und biologischen Fundstücke und die wissenschaftliche Aufarbeitung seiner vor Ort gemachten Beobachtungen und Berechnungen.

Darüber hat er seine Eindrücke vom Juni des Jahres 1799 nicht vergessen. In seinem sechsbändigen Werk »Reise in die Aequinoctial-Gegenden des neuen Continents« hat er jene denkwürdigen Sätze geschrieben, die am **Mirador de Humboldt** verewigt sind und die zum Gemeingut aller Teneriffa-Reiseführer gehören. Sie lauten:

»Wenn man ins Tal von Tacoronte hinabkommt, betritt man das herrliche Land, von dem die Reisenden aller Nationen mit Begeisterung sprechen. Ich habe im heißen Erdgürtel Landschaften gesehen, wo die Natur großartiger ist, reicher in der Entwicklung organischer Formen; aber nachdem ich die Ufer des Orinoko, die Kordilleren von Peru und die schönen Täler von Mexiko durchwandert, muss ich gestehen, nirgends ein so mannigfaltiges, so anziehendes, durch die Verteilung von Grün und Felsmassen so harmonisches Gemälde vor mir gehabt zu haben.«

Der Ort **La Matanza de Acentejo** ㉞ erinnert mit seinem parteiischen Namen (»das Gemetzel von Acentejo«) daran, dass in seinen Barrancos die spanischen Eroberer und ihre guanchischen Hilfstruppen eine verheerende Niederlage durch die Guanchen hinnehmen mussten. Von über 1200 Angreifern kamen nur der Anführer Alonso Fernández de Lugo und knapp 200 Soldaten zwar blessiert, aber mit dem Leben davon. Der Sieg verschaffte den Guanchen eine einjährige Atempause; dann kam de Lugo mit Verstärkung wieder und besiegte sie bereits auf der Hochebene von La Laguna, ohne sie endgültig unterwerfen zu können.

Dezimiert und anschließend von der Pest heimgesucht, mussten sie sich am ersten Weihnachtsfeiertag des Jahres 1495 bei **La Victoria de Acentejo** ㉟ geschlagen geben. Dass hierbei Tausende von Guanchen hingemetzelt wurden, galt als Sieg und sorgte für den glorreichen Ortsnamen. Eine windzerzauste Pinie an der über der Hauptstraße gelegenen Kirche stammt angeblich noch aus de Lugos Tagen. Die Kirche selbst schmückt eine kunstvolle Artesonadodecke im Mudéjarstil und eine Hauptkapelle im portugiesischen Kolonialstil. Im Ort hat sich die Töpferkunst nach Guanchenart, d. h. ohne Drehscheibe, erhalten – junge Frauen führen das Werk der legendären, inzwischen verstorbenen Adela »La Alfarera« fort.

Unterwegs nach Los Realejos

Das lang gezogene **Santa Úrsula** ㊱ haben sich, wie auch das angrenzende Orotavatal, viele Langzeitresidenten aus Zentral- und Nordwesteuropa zum Wohnsitz auserkoren. Der Ort macht einen florierenden Eindruck und lockt mit Wein und Lederwaren Kurzbesucher aus Puerto de la Cruz herbei.

Fischräucherei Ahumados Tenerife, Carretera Vieja, 37, Tel. 922 30 11 61, Mo–Sa 9–17 Uhr. Die Fischräucherei hat auch eine Gaststube, in der von 12.30–15.30 Uhr die Erzeugnisse des Hauses serviert werden.

Auf der Landstraße nach La Orotava passiert man die Stelle, an der sich Alexander von Humboldt, überwältigt von der spektakulären Aussicht, zu dem heute von der Werbung vereinnahmten Lobpreis Teneriffas (s. S. 79) hat hinreißen lassen. Am nach ihm benannten Aussichtspunkt **Mirador de Humboldt** ahnt man noch, was ihn dazu veranlasst haben könnte. Man denke sich den baulichen Wildwuchs weg und statt der Bananenmonokulturen pflanzliche Vielfalt – und mag vielleicht die Entwicklung bedauern. Der Aussichtspunkt wird derzeit zu einer Anlage umgestaltet, die nicht nur Alexander von Humboldt ehren soll, sondern ebenso Bencomo: Der letzte Führer der Guanchen hatte nämlich genau hier seine Wohnhöhle.

Um nach **Los Realejos** zu gelangen, durchquert man die Ortschaft ***La Orotava** (s. S. 59). Wer aber das Orotavatal aus der Höhe überblicken möchte, folgt der Beschilderung Richtung »Cañadas«, die ihn durch die östlichen Neubaugebiete von La Orotava lotst. Nach rund 8 km Serpentinenfahrt kommt die Abzweigung nach Los Realejos via Palo Blanco. Man erkennt während der Fahrt durch die höheren Regionen, dass hier robustere Kulturen wie Kartoffeln, Mais und andere Getreidearten heimisch sind.

Los Realejos ㊲

Realejo Alto, der obere und ältere Ortsteil, ist die historische Stätte, an der 1496 der letzte organisierte Widerstand der Guanchen gebrochen wurde. Dort, wo einst das königliche Feldlager von Lugos stand, errichtete man 1498 das älteste Gotteshaus der Insel und weihte es dem spanischen Nationalheiligen Santiago. Wer von den übrig gebliebenen Guanchen das Christentum Schlimmerem vorzog, empfing der Überlieferung nach hier, später auch in La Laguna, die Taufe.

Zahlreiche Umbauten haben vom ursprünglichen Gebäude wenig übrig gelassen. Sehenswert sind der Altarraum aus der Mitte des 17. Jhs., eine Christusfigur von Martín de Andújar und eine Santa Lucía flämischer Provenienz.

Vom nahe gelegenen neuen **Rathaus** hat man einen guten Überblick über das Tal. So sieht man unter sich jenseits eines Barranco einen Friedhof, bei dem einer der ebenmäßigsten Drachenbäume der ganzen Insel steht. Einen berühmten Sohn kann Los Realejos auch aufweisen. *José de Viera y Clavijo,* Verfasser der ersten umfassenden Chronik kanarischer Geschichte, erblickte hier 1731 das Licht der Welt. Die »Noticias de la Historia General de las Islas Canarias« des aufgeklärten Theologen, der viel reiste und Kontakt u. a. zu Voltaire pflegte, haben zwei Jahrhunderte lang das Geschichtsbild der Inselbewohner geprägt.

Das tiefer gelegene **Realejo Bajo** hat ein fast durchgängig modernes Gesicht. Der Küstenabschnitt unterhalb der Autobahn gehört dann wieder ganz dem Tourismus. Hotels und Urbanisationen, die mehrfach Romantik im Schilde führen, haben sich in ehemaligen Bananenplantagen breit gemacht. Am Strand von **El Socorro** tauchen, sobald die Wogen etwas hermachen, Wellenreiter auf. Das Baden ist dann allerdings nicht ungefährlich.

Maritim, El Burgado, 1, Tel. 922 37 90 00, Fax 922 37 90 37, www.maritim.de. Das Hotel an der Felsküste besitzt einen Palmengarten, Tennisanlagen und eine Tauchbasis, außerdem verwöhnt ein Wellness-Beauty-Center.

4 Karte Seite 82

Mit Zicklein oder Zackenbarsch ist man kulinarisch gut beraten. ❍❍❍

▮ **Tierra de Oro,** Realejo Alto, Tel. 922 34 10 00, Fax 922 34 43 18, info@tierra-de-oro.com. 2005 renoviertes Wellnesshotel mit Blick auf das Orotava-Tal, Fitness- und Kosmetikstudio, Spa, Busservice nach Puerto (5 km). ❍❍❍

Villa Nueva, San Vincente, Princesa Dacil, 31, Tel. 922 34 15 58; tgl. außer Mi 12 bis 15.30 und 18–23 Uhr. Hier wird kanarische Küche aufgetischt. ❍❍❍

▮ **Las Chozas,** Carretera El Jardín, 64, Tel. 922 34 20 54; So Ruhetag. Probieren Sie Seeteufel oder Hummerkrabben! ❍❍❍

▮ **Mesón El Monasterio,** Ctra. general, 12, Ortsteil La Montañeta, Tel. 922 34 07 07; tgl. 13–15, 19 bis 23.30 Uhr. In umgebauten Klosterräumen munden Seehecht *(merluza)*, Filetsteak *(solomillo)* und Huhn in Majoransoße *(gallina a la mejorana)* hervorragend. ❍❍

Im **Coco Loco** des Hotels Maritim (s. oben) bleiben Touristen unter sich – außer am Wochenende.

4
Karte Seite 82

La Guancha und San Juan de la Rambla

Die Landstraße nach **La Guancha** ㊳ wurde in den Steilabhang der Ladera de Tigaiga hineingebaut, die Paraglider gern als Startrampe nutzen. Hier hat man das Gegenstück zum »Humboldt-Blick« – und die Verbauung des Tals fällt noch mehr ins Auge.

Am Rand der Ladera lässt es sich hinter großen Panoramascheiben gut speisen: **El Lance** (Tel. 922 35 93 03; tgl. 12–23 Uhr) bietet schmackhaftes kanarisches Essen und eine schöne Aussicht.

Ähnlich wie Realejo Bajo macht La Guancha einen sehr jungen Eindruck. Kaum eines der Gebäude hat historischen Charakter. Die aufstrebende Gemeinde, die mit einer Landwirtschaftsmesse auf ihre Erzeugnisse aufmerksam macht, hat in jüngster Zeit eine Reihe venezolanischer Rückwanderer angelockt.

Bei einem kleinen Abstecher zur Küste (3 km einfach) gerät man mitten hinein in eine vermeintliche Idylle: **San Juan de la Rambla** ㊴, das weiße

Dorf am Meer, hat sich einen schnuckeligen Ortskern bewahrt.

In den verwinkelten Gassen um die Kirche herum findet man noch manchen alten kanarischen Balkon aus dem harten Holz der kanarischen Kiefer gearbeitet.

Im Graphik- und Lithographie atelier **Arte Graphos,** Calle Estrecha 5, 1. Stock, werden Skulpturen und Graphiken in wechselnden Ausstellungen gezeigt. Mit etwas Glück können Sie bei der Arbeit an der alten Druckerpresse zuschauen. Geöffnet 11–14 Uhr, Do, Sa, So auch 17–20 Uhr.

10 *Icod de los Vinos 40

Ein legendärer ****Drachenbaum** macht Icod de los Vinos zu einem der meistbesuchten Orte Teneriffas. Am westlichen Rand des Stadtkerns steht das etwas großspurig **Drago Milenario** genannte, zu den Liliengewächsen zählende Wahr- und Wappenzeichen des Ortes. Ungeachtet der stützenden Ausgießung mit Beton an Wurzel und Stamm ist der Greis noch voller Saft – was ihn sogar gefährdet, denn immer, wenn er blüht, wird ihm diese Lebenslust geradezu zur Last, unter der Teile seines ausladenden Wipfels zusammenzubrechen drohen. Während die Art ein Relikt aus dem Tertiär ist, stammt das Einzelstück von Icod nach vorsichtigen Schätzungen frühestens aus den Zeiten der Conquista.

Vom ausgeschilderten Parkhaus startet eine Bimmelbahn zur Stadtrundfahrt mit Besuch des Drachenbaumparks. Das Paket kostet 3 € pro Person. Kostenlos können Sie den »Drago« vom Kirchplatz anschauen.

Neben dem Drachenbaumpark steht ein Schmetterlingshaus, das **Mariposario del Drago,** in dem exotische Schmetterlinge frei fliegen (Tel. 922 81 51 67; tgl. 9.30–18 Uhr).

Icod, in dessen Umgebung ein guter Weiß- und Roséwein wächst, hat durchaus noch mehr zu bieten. Der Kirchplatz führt weitere Exemplare der insularen Pflanzenwelt vor Augen. Man flaniert hier unter Kanarischen Kiefern, Palmen, Jakarandabäumen, Zierbananen und Pandanus (Schraubenpalme). Auch der Charakterbaum hiesiger Parkanlagen, der Indische Lorbeer, darf nicht fehlen. Die Pfarrkirche **San Marcos** enthält ein wertvolles

4 Karte Seite 82

Retabel aus dem 17. Jh. und beeindruckende Artesonadodecken in allen drei Kirchenschiffen. Die Sakristei fungiert als kleines Museum für den Kirchenschatz. Neben Messgewändern und liturgischem Gerät zeigt man stolz ein silbernes Kreuz – mit 47 kg Gewicht und einer Höhe von 2,45 m gilt es als die größte Filigranarbeit, die je aus Silber hergestellt wurde (Mo–Sa 9 bis 12.30 Uhr; Eintritt 1 €).

Die sich nach oben anschließende **Plaza de la Constitución** säumen alte Gebäude mit inseltypischen Balkonen, in der Mitte plätschert ein bemooster Brunnen. Als botanische Rarität ist eine abgestützte Livistonia-Palme zu sehen. Den Weinliebhaber wird es in einen hier ansässigen Ausschank treiben, wo er Zunge und Gaumen mit den örtlichen Tröpfchen laben kann (**Casa del Vino Canario,** Plaza de la Pila, 4).

4 Karte Seite 82

Abstecher ans Meer

Zur Abkühlung empfiehlt sich anschließend ein Bad im Meer bei **San Marcos** ㊶, 2 km unterhalb von Icod. Der schwarze Lavasandstrand ist ringsum von Felsen eingefasst. Längst haben sich hier auch Restaurants und Unterkünfte ins Bild gesetzt; einige Fischerboote und etliche einheimische Badegäste schaffen dennoch ein angenehmes Flair.

> **Steiler Aufstieg**
>
> Von der genuesischen Kaufmannsfamilie Ponte 1499 gegründet, stieg Garachico innerhalb des ersten Jahrhunderts nach der Conquista zum führenden Hafen der Insel auf. Vor allem der Wein der Nordregion wurde hier verschifft.

Küstenbefestigung in Garachico

11 **Garachico ㊷

Endpunkt der Fahrt ist dieser selten homogene Ort. Abgesehen von einigen Neubauten an der Küstenstraße hat sich die ehemals reiche Hafenstadt ein fast mittelalterlich anmutendes Aussehen bewahrt.

Mehrere Katastrophen beeinträchtigten im 17. Jh. die Stadt so sehr, dass die Häfen von La Orotava und Santa Cruz als Konkurrenten in die Bresche sprangen. Das endgültige Aus kam 1706, als mehrere Lavaströme nach Vulkanausbrüchen am Pico Viejo das Hafenbecken zuschütteten und die umliegenden Gebäude zerstörten. Sogar die etwas erhöht im Ortszentrum liegende Kirche **Santa Ana** wurde samt ihrer wertvollen Innenausstattung ein Raub der Flammen.

Dort wo der Eingang zum Hafen war, hat man einen kleinen Park gestaltet. Im hinteren Teil der Anlage ist eine alte Weinpresse zu besichtigen. An der **Plaza de la Libertad,** hinter Santa Ana, stehen prächtige altkanarische Bauten, darunter die Kirche und der ehemalige **Konvent San Francisco,** in dem heute Rathaus und Heimatmuseum untergebracht sind. Seinen Besuch lohnen allein schon die herrlichen Innenhöfe mit umlaufenden Galerien. In neuem Glanz erstrahlt gegenüber der Palast **Quinta Roja,** heute ein Luxushotel. Im früheren **Palast der Grafen Ponte,** zwei Straßen weiter, kann man heute ebenfalls übernachten, umgeben von modernem Design (siehe unten).

Seine ursprüngliche Bestimmung erfüllt noch immer der **Klausurkonvent der Franziskanerinnen** nebenan.

Arte y Diseño, Calle Esteban Ponte 3. Schöner, kleiner Laden, in dem die deutschen Besitzerinnen ausgesuchtes Kunsthandwerk anbieten. Schmuck ist dabei, Keramik und Glaskunst, aber auch Bilder und Stoffe begeistern.

Beim kleinen Kastell **San Miguel** am Meer ist nach dem umfangreichen Besichtigungsprogramm Ausspannen angesagt. Man kann entweder in den **Meerwasserschwimmbecken** herumtollen (im Winter geschlossen), auf der Terrasse mit Meerblick eine deftige Mahlzeit ordern oder noch am Pavillon auf der Plaza de la Libertad gemütlich Espresso trinken.

San Roque, Esteban de Ponte, 32, Tel. 922 13 34 35, Fax 922 13 34 06, www.hotelsanroque.com. Extravagantes Designer-Hotel zum Wohlfühlen in restauriertem Adelspalast, mit Pool. ○○○

El Jardín, Estéban de Ponte, 8, Tel. 922 83 02 45, www.argonautas.org. Einfache, stimmungsvolle Pension in einem der historischen Häuser. ○

Casa Gaspar, gegenüber der Mole, Tel. 922 13 31 06. Sehr gute Fischgerichte, Mo geschl. ○○

Tour 5

Auf dem Inselrücken

Santa Cruz de Tenerife → Candelaria → Arafo → (Güímar) → (Izaña) → La Esperanza → Guamasa → Santa Cruz de Tenerife (80 km)

Vom Urkrater um den Teide bis zur Hochebene von La Laguna erstreckt sich die Cumbre Dorsal, das vulkanische Rückgrat der Insel. Im östlichen Abschnitt, wo sie von ausgedehnten Pinienwäldern überzogen ist, ist Zeit zum Durchatmen: Spaziergänger können sich nicht satt schnuppern an der erfrischend nach Harz, Holz und Nadeln duftenden Luft. Zudem bieten zahlreiche Aussichtspunkte immer wieder überraschende Ausblicke.

Am Hafen entlang nach Südwesten fahrend, verlässt man Santa Cruz und passiert dabei die moderne Badeanlage Parque Marítimo, das Kongresszentrum und den alles überragenden Bau des neuen Konzerttempels Auditorio (s. S. 41). Es folgen erst ein weniger schönes Industriegebiet, dann Wohnsilos und Lagerhallen in einer schon von Natur aus unwirtlichen Landschaft.

An Taibaiba, einer Wohn- und Schlafstadt für die hauptstädtische Mittelschicht, vorbei erreicht man die Ausfahrt nach Las Caletillas.

Candelaria ㊸

In dem nordwestlichen Ortsteil **Las Caletillas** hat sich eine kleine, aber feine touristische Infrastruktur mit

5 Karte Seite 88

Candelaria ist im August Ziel der größten Wallfahrt der Kanaren

Der Glockenturm der Basilika von Candelaria

5
Karte Seite 88

Restaurants und Hotels herausgebildet, die in den Sommermonaten vorwiegend von einheimischen Besuchern frequentiert werden. Wem der mit Kies durchsetzte Strand zu unbequem ist, der findet sich an den Hotelpools ein.

Die Basilika

Von der Küste leuchtet die weiß gekalkte Basilika von Candelaria herauf. Das Innere der Wallfahrtskirche im neokanarischen Stil ist geprägt von dem gestalterischen Willen, etwas besonders Prunkvolles zu schaffen. Dabei kannten die Schöpfer der Patronatskirche im Jahre 1958 offenkundig keine Berührungsängste mit Kitsch. Über dem Altar thront eine viel verehrte Schwarze Madonna, die Virgen de la Candelaria. Nachdem das mit einem Auffindungswunder verknüpfte Original 1826 bei einer Sturmflut vom Meer wieder zurückgeholt worden war, schuf Fernando Estévez die heute aufgestellte Kopie.

Die Legende vom Marienstandbild

Der Legende nach fanden zwei Guanchen lange vor Beginn der Conquista in einer Höhle an der Küste ein dunkel getöntes hölzernes Marienstandbild. Als einer von beiden die lebensechte Statue daraufhin überprüfen wollte, ob tatsächlich Blut in ihren Adern fließe, schnitt er sich versehentlich selbst mit seiner Tabona, einem Obsidianmesser, in die Finger, so dass er anfing zu bluten. Als er jedoch die Figur berührte, um sie zu seinem Fürsten zu bringen, heilte die Wunde sogleich. Der Mencey von Güímar, auf dessen Herrschaftsgebiet die Madonna angeschwemmt worden war, ließ sie auf das Wunder hin in einer Höhle aufstellen und verehren.

Als die Spanier von dieser Statue und ihrer Vergötterung durch die »Steinzeitmenschen« erfuhren, konnten sie dem Mencey von Güímar glaubhaft machen, dass er bereits so gut wie ein halber Katholik sei, der sich ihren kriegerischen und missionspolitischen Absichten nicht verschließen dürfe. Er erwies sich als willfährig, unterstellte sich und seine Untertanen dem spanischen Heer gegen eine von de Lugo in Aussicht gestellte Sonderrolle nach der siegreichen Invasion und kämpfte mit gegen das vom Mencey von Taoro geführte Aufgebot der im Norden beheimateten Insulaner. Ihrer Schlüsselfunktion entsprechend nannte man die aufgefundene Madonna Candelaria, »Lichtspenderin«.

Plaza de la Patrona de Canarias

An einem normalen Tag kann man sich auf dem weiten Areal vor der Basilika fast verlieren. Nur zur Meerseite hin, wo seit 1993 neun bronzene Guanchenfürsten (Menceyes) des kanarischen Künstlers José Abad aufgereiht stehen, lustwandeln ein paar Besucher. Jede der sehr realistisch wirkenden Statuen ist mit einem symbolhaften Gegenstand der Guanchenzeit dargestellt: Bencomo mit dem Zepter des Oberhauptes, Romen mit einer Kopie des Zanatasteins (s. S. 24). Hinter ihnen schließt sich ein schmaler, schwarzer Sand- und Kieselstrand an, an dem man nur bei ruhiger See baden kann.

i Avda. del Generalísimo, s/n, Las Caletillas, Tel. 922 50 04 15.

Punta del Rey, Avda. Generalísimo, 165, Tel. 922 50 18 99, Fax 922 50 00 91, www.hotelescatalonia.es. Luxushotel an der Strandpromenade, bietet Squash, Tennis, Minigolf, Fitnessräume u. a. m., 400 Zimmer. ○○○

Tenerife Tour, Avda. Generalísimo, 170, Tel. 922 50 02 00, www.tenerifetour.com. Dreisternehotel im Bungalowstil, 95 Zimmer. ○○

Casa María, Las Cuevecitas de Candelaria, Tel. 922 50 61 10, Fax 922 50 69 02. Appartements mit Pool, Höhlenrestaurant. ○○

Arafo 44

Jenseits der Autobahn erwartet den Besucher zunächst eine Mischung aus verödeten und bebauten terrassierten Feldern. Wo man die wild wuchernden Opuntien und Wolfsmilchgewächse zurückgedrängt hat, stehen Weinstöcke, Maisstauden, Papayabäume und

5 Karte Seite 88

Prozession mit Feuerwerk

Mitte August wird alljährlich bei einer großen Wallfahrt nach Candelaria der erfolgreichen Missionierung der Inselbewohner gedacht. Am 14. August, dem Vorabend des Festtags der Schutzpatronin des kanarischen Archipels, füllt sich der Kirchplatz mit den Pilgerscharen, und unter ihrer regen Anteilnahme wird das historische Schauspiel der Bekehrung inszeniert. Feierlicher Höhepunkt ist der Einzug der Madonna in die Basilika, im Gefolge die frisch konvertierten Guanchen in Fellkleidung. Auf dem Prozessionsweg werden in inseltypischer Manier alle Register der heimischen Pyrotechnik gezogen: Feuerwerksraketen, Lichtkreisel, Heuler und Knaller. Anschließend verwandeln sich die Plaza de la Patrona de Canarias und die umgebenden Straßenzüge am Hang in ein wuselndes Massenlager, wo geköchelt und gezecht, geklampft und gesungen wird, bis die schwer gewordenen Augenlider irgendwann einfach zufallen.

Güímar war bereits in vorspanischer Zeit besiedelt

5
Karte Seite 88

Tomatenstauden. Im unmittelbaren Vorfeld von Arafo säumen propere Terrassen und Picknickplätze die Straße.

Am Ortseingang des mehrfach wegen seiner gepflegten Erscheinung prämierten Dorfes schüttelt eine alte Kanarische Kiefer, **Pinie des Herren** genannt, ihren Wipfel träge zum Gruß. Um ihren Stamm hat man ein Kapellchen errichtet. Im Ortszentrum sitzen die Alten unter Indischem Lorbeer auf dem Kirchplatz beieinander.

Der wochentags ziemlich verschlafene Ort ist inselweit für seine süßen **Maultaschen** *(truchas)* berühmt, die ursprünglich ein Weihnachtsgebäck waren, mittlerweile jedoch das ganze Jahr über verkauft werden.

An Wochenenden erwacht Arafo aus seinem scheinbaren Dornröschenschlaf: Dann finden hier von einheimischen Kennern sehr geschätzte, auf dem Salsarhythmus basierende **Musik- und Tanzveranstaltungen** statt, zu denen sich neben den ausgezeichneten Kapellen des Ortes auch andere Showbands der Insel ansagen (achten Sie auf Plakate!).

Güímar ㊺

Ein Abstecher zu diesem recht betriebsamen Ort lohnt sich für denjenigen, der sich an archäologischen Spekulationen beteiligen oder aber von der Qualität des dortigen Weines überzeugen will, der vielleicht auch das eher trockene Valle de Güímar als Gegenstück zum grünen Valle de Orotava in Augenschein nehmen möchte, z. B. vom Mirador de Don Martín aus (jenseits des Ortes an der Ladera).

Im oberen Ortsteil liegt der **Parque Etnográfico Pirámides de Güímar.** Mit Hilfe des im Jahre 2002 verstorbenen Thor Heyerdahl wurde hier ein weitläufiges Gelände mit flachen Stufenpyramiden (vermutlich Bauten der Ur-

bevölkerung) freigelegt. Im **Museum** wird eine Kopie der »Ra II« gezeigt. In diesem Papyrusboot ließ sich Heyerdahl von Ägypten nach Südamerika treiben. Weitere Exponate wie Nachbildungen von Stufenpyramiden, Kultgegenständen und Steinzeichnungen regen zum Vergleich der Kulturen an (C. Chacona, s/n, tgl. 9.30–18 Uhr; Erw. 10 €, Kinder 5 €, Tel. 922 51 45 10, www.piramidesdeguimar.net).

Thor Heyerdahls Theorien kann man in seinem Buch aus den 1970ern nachlesen: **Expedition Ra – Mit dem Sonnenboot in die Vergangenheit** (antiquarisch).

Auf der Cumbre Dorsal

In weiten Serpentinen zieht sich hinter Arafo die Straße an schwarzen Vulkanaschehalden vorbei auf die mit Kiefern bestandene Cumbre Dorsal. Bei entsprechendem Wetter ist Gran Canaria deutlich an seinem Passatwolkenflaum zu erkennen.

Abstecher nach Izaña ㊻

An der Kreuzung mit der längs des ganzen Rückens verlaufenden Straße kann man sich zu einem Abstecher zu den strahlend weißen Observatorien von Izaña nach links wenden. Neben einigen Miradores, die die Nord- und Südküste ins Blickfeld rücken, sind einige interessante vulkanische Erscheinungen zu beobachten.

Dort, wo die Straße durch festen Fels gebrochen wurde, wurden Gesteinsknollen freigelegt, deren kristalline Struktur an den Schalenaufbau einer Zwiebel erinnert. An anderer Stelle (vor dem Kilometerstein 32) bildet die Straße eine tief eingeschnittene S-Kurve. Nicht nur für Hobbygeologen ist es spannend, hier die unterschiedlichen Materialien der ausgeworfenen Vulkanablagerungen und ih-

5 Karte Seite 88

Das Observatorium von Izaña thront auf der Cumbre Dorsal

re Färbungen immer wieder eingehend zu studieren.

Izaña ist eigentlich ein Sperrgebiet, aber man darf es nach vorheriger Anmeldung, vorzugsweise in Gruppen, besuchen (**Instituto de Astrofisica de Canarias,** Tel. 922 60 52 00). Jeden Freitag finden zwei Führungen um 10 und 12 Uhr statt. Dauer ca. 2 Std. Für die Wissenschaftler sind die Besuchergruppen eine angenehme Abwechslung zu ihrer einsamen Forschungsarbeit. Sie zeigen gern, wie etwa eine Sonnenprotuberanz in der Vergrößerung aussieht.

5 Karte Seite 88

Bosque de la Esperanza

Wer sich nicht für die Sonnenbetrachtung mittels Teleskop erwärmen kann, biegt oberhalb von Arafo an der erwähnten Kreuzung gleich nach rechts ab, um in die wohltuende Ruhe des Bosque de la Esperanza einzutauchen. Der ausgedehnte Wald mit der endemischen Kanarischen Kiefer als prägendem Baum ist ökologisch von existentieller Bedeutung für den Wasserhaushalt der Insel. Sie kämmt nämlich mit ihren – gemessen an anderen Kiefern – überlangen Nadeln das Wasser aus den Passatwolken, so dass überall dort, wo sie vorkommt, zwei- bis dreimal soviel Wasser wie sonst in den Boden gelangt. Im Esperanza-Wald gibt es mehrere Rastplätze mit Tischen und Bänken.

Geschichtsträchtiger Grillplatz

Wer in dem mit **Las Raíces** ausgeschilderten Waldstück den Grillspieß dreht, befindet sich an historischer Stätte: 1936 feierte hier ein gut gelaunter General Franco mit seinen Offizieren und Mannschaften die gemeinsame Gegnerschaft zur rechtmäßig gewählten republikanischen Regierung in Madrid. Am 17. Juli 1936 ver-

Familienausflug

Der Bosque de Esperanza ist von Forstwegen durchzogen und erlaubt Spaziergänge jedweden Umfangs. An Wochenenden wimmelt es an den eingerichteten Picknick- und Feuerstellen von kanarischen Familien, die dort grillen und ein feuchtfröhlich-chaotisches Familienspektakel aufführen.

Eindrucksvolle Schichtenformation an der Höhenstraße

ließ der nach Teneriffa strafversetzte Militärgouverneur Franco unter einem Vorwand die Insel, um sich nach Marokko an die Spitze einer Armee von Putschisten zu begeben. Damit waren die Würfel gefallen, und Spanien wurde in einen dreijährigen, erbitterten Bürgerkrieg gestürzt, aus dem eine Militärdiktatur unter Francos Führung hervorging.

La Esperanza ㊼

Der Ort und die Umgebung von La Esperanza sind bekannt für Lokale mit deftigem Essen. Vor allem Fleisch vom Schwein, Kalb und Kaninchen wird angeboten, aber auch Landwürste und mit Gofio überbackene Speckgrieben *(chicharrones)*.

Einen besonderen Namen hat sich die **Casa Manolo** mit der Zubereitung von Ziegenfleisch gemacht. An Wochenenden gleich einen Platz zu bekommen, ist ziemlich aussichtslos (Ctra. General, 63, Llano del Moro, Tel. 922 61 00 91; 3 km östlich von La Esperanza). ❍

Eine am Ort ansässige Familie namens Los Verga hat das Interesse der Volkskundler auf sich gezogen, als bekannt wurde, dass in ihr über Generationen eine von den Guanchen stammende Kampftechnik an die Nachkommen weitergegeben wurde. Es handelt sich dabei um *el juego del palo,* eine Art Stockkampf.

Centro Hípico Los Brezos, Camino Candelaria–Monte, 101, bei Agua García, Tel. 922 56 72 22. Geführte Ausritte und Reitstunden.

Guamasa ㊽

Wer in und um La Esperanza noch nicht eingekehrt ist, sei es, dass man ihn nicht mit bodenständigem Essen locken kann, sei es, dass er keinen Platz bekommen hat, sollte in oder um Guamasa die nächste Chance ergreifen. Auf beiden Seiten der Autobahn zieht sich jeweils eine Landstraße bis nach La Laguna bzw. zum Flughafen Los Rodeos hin, wo sich eine Reihe von Restaurants angesiedelt und auf eine großstädtische Klientel aus La Laguna und Santa Cruz de Tenerife eingestellt hat. In der Regel ist hier das Essen gut, aber der Preis nicht gerade niedrig.

Im **Los Limoneros** an der Ctra. General del Norte, km 15,5, Los Naranjeros (Tel. 922 63 66 37), wird das gut gekleidete Publikum von einer Schar Kellner umsorgt. Die Küche gibt sich international mit regionalen Schlenkern, gutes Weinangebot. Mo bis Sa 13–24 Uhr, im Aug. 2 Wochen geschl.; abends vorbestellen! ❍❍❍

5 Karte Seite 88

Tour 6

Durch die Vulkanwüste des Südens

El Médano → Los Abrigos → Las Galletas → Valle San Lorenzo → Arico → *Fasnia → Porís de Abona → El Médano (115 km)

Diese Fahrt durch den ursprünglich unwirtlichsten Küstenabschnitt der Insel spricht vor allem Freunde extremer Landschaften an. Mitten in ein von Vulkankegeln übersätes, ausgedörrtes Niemandsland wurden Plantagen, Treibhauskulturen, Freizeitparks und touristische Urbanisationen gesetzt. Die Kontraste zwischen der trostlos bizarren Ödnis und den von Menschenhand geschaffenen, zuweilen überbordenden Oasen einer modernen Zivilisation können kaum größer sein.

6 Karte Seite 94

12 El Médano 49

Die einzigen von Natur aus hellen Sandstrände Teneriffas befinden sich in und um El Médano. Der Ort ist trotzdem, wohl auch wegen der vergleichsweise begrenzten Unterkunftsmöglichkeiten, nicht überlaufen. Am zentralen Strand hat sich eine ruhige Kneipenszene etabliert. Nur ab und zu geht auf dem Dorfplatz dahinter musikalisch die Post ab. Einen Namen hat sich El Médano mit der Austragung internationaler Windsurfwettbewerbe gemacht. Dank der Windverhältnisse an der Bucht zwischen dem Ort und dem geographischen Fixpunkt am Meer, der ehemals vulkanischen **Montaña Roja** (171 m), zählt El Médano weltweit zu den Top-Ten-Adressen dieser Sportart. (Im Ort bestehen etliche Verleihmöglichkeiten.)

Wer nicht windsurft, wird ahnen, worum sich die Kneipengespräche drehen, und sich entsprechend wappnen. Zudem muss er wissen, dass ihm am Strand die von den Surfern heiß ersehnte Brise den verbliebenen Sand kräftig um die Ohren weht.

i Oficina de Turismo, Plaza de los Príncipes de España, Tel. 922 17 60 02, Mo–Fr 9–14, Sa 9–13 Uhr.

Playa Sur Tenerife, Tel. 922 17 61 20, Fax 922 17 63 37, www.hotelplayasurtenerife.ws. In dem Dreisternehotel ist man ganz auf Windsurfer eingestellt. Wer sich ein Brett leihen will, kann das gleich nebenan tun. ○○

Médano, Tel. 922 17 70 00, Fax 922 17 60 48, www.medano.es. Auf Pfeilern schiebt sich der Bau vom Strand ins Meer hinaus. 90 Zimmer: funktionell und freundlich. ○○

Grüner Luxus: Golf del Sur

▮ **Ap. Agua Viva.** Schöne, einfach ausgestattete Appartements direkt am Strand; Tel. 922 17 71 74. ❍❍

Jenseits der Montaña Roja stößt man auf den längsten Naturstrand der Insel, die **Playa La Tejita.** Lange vorwiegend von Einheimischen genutzt, werden mittlerweile aus den Fremdenverkehrszentren Besucher mit Bussen hierher gefahren. Dennoch ist der Strand groß genug und hat für alle Arten des Strandlebens genügend Raum, auch wenn der neue Campingplatz eröffnet ist.

Los Abrigos 50

Der nächste größere Ort auf der Küstenstraße südlich des Flughafens *Reina Sofía* ist der Fischerort Los Abrigos. Nur wem ein gutes Fischgericht Grund genug ist, sein Strandphlegma zu überwinden, sollte hier Halt machen, ein anderer Grund findet sich kaum. Zu baden empfiehlt sich in Los Abrigos nicht.

Rund um die von Felsen gesäumte Hafenbucht hat sich eine Reihe von Lokalen etabliert, die an Feiertagen auch von Einheimischen stark frequentiert werden.

Perlas del Mar, La Marina, Tel. 922 17 00 14. Vorwiegend Fisch in großzügigen Portionen, tolle Lage auf Felsen am Meer. ❍❍
▮ **Vista Mar** und **La Dorada,** Avenida Marítima, Tel. 922 17 01 84 bzw. 922 17 65 84. Verstehen sich auch auf gute Paellas. Beide ❍❍
▮ **Langostera,** Paseo Marítimo, Tel. 922 17 03 02. Hervorragende Auswahl an Fisch. ❍

★ Während sich um Los Abrigos eine trockene Wüstenei schlingt, ändert sich wenige Meilen hinter dem Ortsrand das Bild: Das gepflegte Grün einer weitläufigen **Golfanlage** (Golf del Sur, Tel. 922 73 81 70; 27-Loch) beherrscht den Horizont.

Las Galletas 51

An Bananenplantagen vorbei führt die Straße an die **Costa del Silencio,** die »Küste der Stille«, und in das Städtchen Las Galletas. Im östlichen Teil dehnen sich die Hotel- und Appartementkomplexe von **Ten-Bel** und **Chaparral** aus, die über eine eigene Infrastruktur verfügen. In Las Galletas selbst trifft man hinter der Promenade auf den schmalen Kies- und Sandstrand. Im von einer Mole geschützten **Jachthafen** liegt man ausschließlich auf Kies. Der Ort besteht fast nur aus Neubauten. An der kurzen Promenade reihen sich Lokale und Eisdielen.

i Oficina de Turismo, Avda. Marítima, Tel. 922 73 01 33, Mo bis Fr 9–15.30, Sa 9–13 Uhr.

Eloy, Playa de las Galletas beim Roten Kreuz, Tel. 922 73 37 16. Mi–Mo 13–17 und 19–23 Uhr. Am Wasser gelegenes Lokal mit kanarischen Spezialitäten und gutem Fisch.

6 Karte Seite 94

Buceo Tenerife, Calle María del Carmen García, 22, Tel. 922 73 10 15. Tauchbasis organisiert Kurse und verleiht Ausrüstung.

Golfen, Rennfahren oder Tafeln

Unsere Route führt weg vom Meer hoch ins untouristische Hinterland. Vorher passiert man allerdings noch **Guaza,** wo man im Golf-Center Los Palos den Schläger schwingen kann. Schumacher-Fans zieht es eher auf die Gokart-Bahn (**Karting Club Tenerife,** Tel. 922 73 07 03; tgl. ab 10 Uhr), die man vor der Autobahn nach rechts (Richtung Osten) erreicht.

Jenseits der Autopista del Sur lockt noch ein weiteres touristisches Spektakel: In einem nachgebauten Schloss wird ab 20 Uhr ein mittelalterliches Ritterturnier samt Mahl und Tanz inszeniert (**Castillo San Miguel,** Tel. 922 70 02 76, beim Ort Aldea Blanca nach rechts wenden).

Las Gangarras, bei Buzanada, Tel. 922 76 64 23. Kanarische Gerichte werden an Holztischen im Freien auf einem nachgebauten traditionellen Bauernhof gereicht. ○○

6 Karte Seite 94

Von Valle San Lorenzo nach Granadilla

Das Tal und der sehr neu wirkende Ort von **Valle San Lorenzo** ㊾ gehören zu einem Flecken Teneriffas, dessen geologischer Untergrund älter ist als das gesamte Zentralmassiv. Dennoch drängt sich auch hier der vulkanische Charakter der Insel unverkennbar auf. Dutzende von mittleren und kleinen Vulkankegeln prägen die Szenerie. Da der Boden fruchtbar ist, die Temperaturen hoch sind und aus dem im Norden liegenden Massiv genügend Wasser abgezapft werden kann, hat sich zwischen den Erhebungen eine ausgedehnte Treibhauskultur eingenistet. Es wächst alles, was Wärme vertragen kann: Bananen, Schnittblumen, Tomaten und Kartoffeln, dazu exotische Früchte auf kleineren Anbauflächen.

Den besten Blick auf diese wahrhaft ungewöhnliche Landschaft hat man vom **Mirador de la Centinela** auf der Straße Richtung San Miguel (C 822). Die Zahl der im Sichtkreis liegenden Vulkankegel nimmt zu, denn im Vorfeld von San Miguel herrschen ähnliche geologische Verhältnisse wie bei Valle San Lorenzo. An einem dunstfreien Nachmittag, wenn ein schöner Sonnenuntergang zu erwarten steht, ist der beste Zeitpunkt, diesen Aussichtspunkt aufzusuchen. Im Herbst kann man bei klarem Horizont die Sonne zwischen Hierro und Gomera blutrot im Atlantik zerfließen sehen.

Über **Charco del Pino,** wo gelegentlich noch Schulkinder die farbgebenden Cochenilleläuse von den Opuntien kratzen, um sie an Chemie- und Lebensmittelfirmen zu verkaufen, gelangt man nach **Granadilla** ㊿, einem Ort, dessen Bausubstanz mit Alt- und Neubauten bunt durchmischt ist.

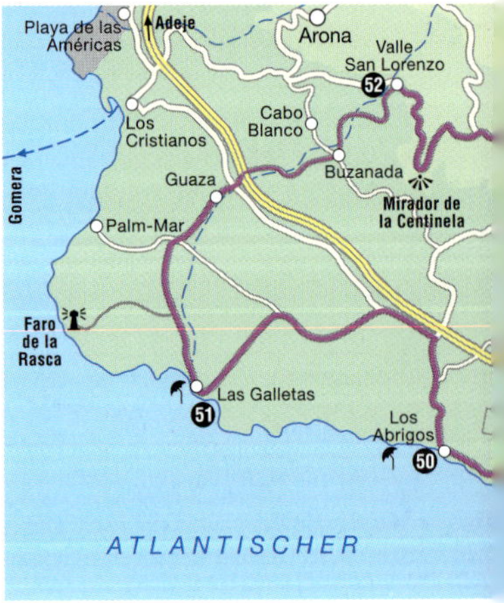

Seit Franziskanermönche ihren – mittlerweile aufgegebenen – Konvent mit einem Orangengarten verschönt haben, gehört die leckere Frucht zu den Standardprodukten der lokalen Agrikultur. Sowohl im Trockenfeldbau als auch in Bewässerungswirtschaft gedeihen Wein, Tomaten, Paprika, Kartoffeln und Mais.

Auf der Höhenstraße

Spätestens von Granadilla an ist die Höhenstraße weniger befahren. Terrassierte Äcker im Trockenfeldbau lösen sich ab mit Brachen. Tiefe Barrancos werden von kühnen Brücklein überwunden.

Eine Reihe von weit reichenden Kanälen zieht sich an den Hängen entlang und bringt das notwendige Nass sogar aus den Höhen über Güímar bis in die Ferienstädte im Süden der Insel. In den weichen Tuff sind Höhlen gegraben, die heute in der Regel nur mehr als Lagerräume dienen. Allerdings gibt es noch immer Häuser, deren rückwärtige Räume in den Tuffstein reichen.

Ohne Bewässerung geht nichts in der Landwirtschaft

Man kann jederzeit eine der in den Orten abgehenden Stichstraßen zur Küste einschlagen und zum Baden fahren. Bis Villa de Arico sollte man aber durchhalten, denn die Strände davor sind wenig attraktiv.

6
Karte Seite 94

Arico

Der Ort an den Teide-Abhängen, der von Weinanbau und der Ziegenzucht lebt, besteht aus drei deutlich voneinander getrennten Teilen: Villa (oder *Lomo* – vom spanischen Wort für Bergrücken) de Arico, Arico el Nuevo und Arico el Viejo.

Am größten ist **Villa de Arico** ㊴. In diesem Ortsteil kann man am ehesten in einem Lokal an der Hauptstraße etwas zu essen bekommen.

Die Pfarrkirche San Juan Bautista, die 1590 nach dem Vorbild des Gotteshauses von Granadilla gebaut wurde, birgt eine etwa 40 cm große gotische Marienstatue, die man der Überlieferung nach bei Porís de Abona am Strand gefunden hat. Als Patronin des Südens zieht sie an Feiertagen Gläubige aus der Umgebung in das ansonsten sehr ruhige Dorf.

Am homogensten ist der nächste Ortsteil, **Arico el Nuevo,** das seinem Namen zum Trotz eher älter wirkt als Arico el Viejo und unter Denkmalschutz steht. Kleine weiß verputzte Häuser, häufig mit grünen Türen, Einfassungen und Läden, ducken sich auf einem lang gestreckten Bergrücken. Die Gassen sind eng und malerisch: eine unspektakuläre dörfliche Idylle.

Neun Menceyes und ein armer Ritter

Vor der Conquista durch die Spanier war Teneriffa in zehn Herrschaftsgebiete mit einer gemeinsamen Sommerweide in den Cañadas aufgeteilt. Alle Herrscher leiteten sich vom sagenhaften Mencey Gran Tinerfe ab, der von Adeje aus die gesamte Insel unter Kontrolle gehalten hatte. Nominell, quasi als Primus inter pares, nahm in der Nachfolge der Mencey von Taoro (das heutige Orotavatal) den höchsten Rang für sich in Anspruch. Die übrigen acht Menceyes waren aber souverän genug, ihm die Gefolgschaft zu verweigern oder sich gar in Weidekriegen gegen ihn zu stellen. Das zehnte Herrschaftsgebiet, im westlichen Anagagebirge, war einem »armen Ritter« oder wie die Spanier sagen, einem Hidalgo, zugefallen. Es war ein illegitimer Sprössling des Gran Tinerfe, der trotz des vermeintlichen gesellschaftlichen Makels mit einer eigenen Pfründe ausgestattet wurde.

Die ursprünglichen Namen für die Herrschaftsbereiche der Menceyes leben in manchen geographischen Bezeichnungen fort. Im Uhrzeigersinn waren dies: Anaga, Güímar, Abona, Adeje, Daute, Icod, Taoro, Tacoronte und Tegueste; der »arme Ritter« hatte seine Enklave bei Punta del Hidalgo. Ein Mencey behielt sich vornehmlich vier Herrschaftsaufgaben vor: Er regelte die Landverteilung zur Bebauung des Bodens, er war höchster Richter und zugleich letzte juristische Instanz, er führte seine Krieger in den Kampf gegen andere Menceyes oder die spanischen Eindringlinge, und er war höchster religiöser Zeremonienmeister, dem es oblag, in allgemeinen Notzeiten die Götter anzurufen. Wichtige Entscheidungen traf er im Kreis seiner Gefolgsleute an einem in der Regel erhöhten Versammlungsort, dem Tagoror, auf einem erhöhten Sitz aus Stein thronend.

6
Karte Seite 94

Arico el Nuevo ist zu einem Zentrum des **Turismo rural** geworden. Über 15 restaurierte Landhäuser werden in der Umgebung an Gäste vermietet (Aricotur, Carretera General, 11, Tel. und Fax 922 16 11 33).

*Fasnia (55) und Umgebung

In der Region von Fasnia hat man noch die Chance, auf eine der wenigen tatsächlich noch bewohnten Höhlen zu stoßen. Selbstverständlich ragt auf ihrem »Dach« eine Fernsehantenne in die Höhe. Oberhalb von Fasnia lagern sich mehrere Weiler in den Bergen hin, darunter **La Zarza.** Wer sich die Mühe macht, der gewundenen Auffahrt dorthin zu folgen, wird erstaunt sein, wie intensiv dort oben der Boden landwirtschaftlich genutzt wird.

Im Vorfeld von Fasnia erhebt sich die gut 400 m hohe **Montaña de Fasnia** mit zwei weißen Kapellchen. Für Anfänger im Paragliding ist dieser vulkanische Hügel eine ideale Startrampe (Zufahrt über eine schmale asphaltierte Straße).

Wer der Höhenstraße weiter folgen will, überquert bald den mächtigen **Barranco de Herques,** auf dessen westlicher Seite sich eine riesige ovale Gesteinsrosette befindet. Auf der anderen Seite wurde ein Tunnel für die Straße in den Fels getrieben. Im Barranco selbst fand man um 1770 in einer Höhle eine große Anzahl mumifizierter Guanchenleichen. Alle Funde gelangten, sofern sie nicht in private Hände kamen oder verloren gingen, ins Archäologische Museum von Santa Cruz.

Zurück ans Meer

Unsere Route verlässt nun das Hinterland und wendet sich dem Meer zu. Die Stichstraße von Fasnia nach Süden endet in **Los Roques** (56), einem winzigen Ort an einer Felsenbucht mit zwei Stränden – der größeren *Playa del Abrigo* und einem kleinen Strand mitten im Ort mit einer Meeresbadewanne am Fels, mehr ist es kaum. Hier geht es sehr familiär zu.

Auf der Autobahn geht es wieder zurück in den Südwesten. Bei **Porís de Abona** (57) öffnet sich eine weite Bucht, jenseits derer ein Leuchtturm den Hochseeschiffen den Weg weist. Unmittelbar im Ortskern stößt man auf den Strand. Den Badenden erleichtern Leiterchen den Zugang von der neuen Strandpromenade zum Meer.

Ein so genannter Geheimtipp ist die **Playa de Abades.** Sie gehört zu den längsten und hellsten Stränden Teneriffas und ist noch immer ein Stück Natur pur. Am romantischsten wirkt sie in der Nähe einer Felszunge am östlichen Ende.

Auf dem Rückweg gewahrt man an der Küste ein Projekt der EU zur alternativen Energiegewinnung: einen Windkraftpark, den **Parque Eólico.** Am Rande eines kargen Küstenplateaus erheben sich mehrere Rotoren aus Wittener Produktion, quirlen scheinbar die Luft mit ihren Flügeln und erzeugen neben der Hauptsache Strom einen äolischen Klang.

Energie-Lehrpfad

Montaña Pelada, Autopista del Sur, Abfahrt 52, Tel. 922 39 10 00, Fax 922 39 10 01; tgl. 10–17 Uhr. Auf dem geführten Rundgang werden alternative Energieträger vorgestellt und erläutert. Zudem jede Stunde Filmvorführung.

6 Karte Seite 94

Infos von A–Z

Ärztliche Versorgung und Apotheken

Gesetzlich Krankenversicherte können sich vor der Reise bei ihrer Kasse die Europäische Krankenversicherungskarte EHIC (European Health Insurance Card) besorgen, mit der sie im Bedarfsfall kostenlos in allen staatlichen Arztpraxen und Krankenhäusern behandelt werden. Jede Gemeinde verfügt über mindestens ein Ärztezentrum **Centro de Salud** oder **Ambulatorio** mit einer Notfallambulanz *(Urgencia)* für akute Erkrankungen und Notfälle. Der Abschluss einer privaten Auslandskrankenversicherung, die einen Rücktransport für den Notfall einschließt, ist zu empfehlen.

Viele der in den Städten und touristischen Zentren niedergelassenen Ärzte sprechen Deutsch oder Englisch. Die Hotelrezeption kann entsprechende Adressen vermitteln. In kleineren Orten existiert meist eine Erste-Hilfe-Station des Roten Kreuzes *(Cruz Roja)*.

Apotheken sind am grünen oder roten Malteserkreuz auf dem Hinweisschild zu erkennen. In der Regel sind sie Mo–Fr 9–13 und 16–20 Uhr, Sa 9 bis 13 Uhr geöffnet. In jedem größeren Ort versieht zudem eine Apotheke turnusgemäß einen Nachtdienst (Liste im Aushang aller Apotheken).

Buchläden

Die von Deutschen geführte Librería Barbara in **Los Cristianos,** Ecke Avenida General Franco/Calle Juan Pablo Abril, 36, Tel. 922 79 23 01, bietet u. a. deutsch- und englischsprachige Fachliteratur zu den Kanaren an, aber auch fesselnde Strandlektüre.

Über ein breites Sortiment deutschsprachiger Literatur sowie von Reise- und Wanderführern verfügt auch Die Bücherkiste in **Puerto de la Cruz,** im Einkaufszentrum La Paz, Lokal 27.

Devisenbestimmungen

Ausländische Devisen dürfen unbeschränkt ein- und ausgeführt werden.

Diplomatische Vertretungen

- **Deutschland:** Honorarkonsulat, 38080 Santa Cruz, Calle Costa y Grijalba 18 (zw. Plaza de Patos und Rambla Gral. Franco), Tel. 922 24 88 20, Fax 922 15 15 55, www.honorarkonsul-teneriffa.de. Mo–Do 10–13 Uhr.
- **Österreich:** 35001 Las Palmas de Gran Canaria, Calle Dr. Verneau, 1, Tel. 928 33 76 42; in Playa del Inglés Tel. 928 76 25 00, Mo–Fr 10–13 Uhr.
- **Schweiz:** 35004 Las Palmas de Gran Canaria, C. Domingo Rivero, 2, Tel. 928 29 34 50, Mo–Fr 9–13 Uhr.

Einreise

Bei einer Aufenthaltsdauer von bis zu drei Monaten genügt für Deutsche ein gültiger Personalausweis oder Reisepass, für Schweizer oder Österreicher die nationale Identitätskarte.

Elektrizität

In den Touristenzentren sind Eurosteckdosen und eine Netzspannung von 220 Volt üblich.

Feiertage

Die gesetzlichen Feiertage werden in Spanien jedes Jahr neu festgelegt. In der Regel sind dies:

1. Januar *(Año Nuevo)*, 6. Januar *(Los Reyes)*, 19. März *(San José)*, Gründonnerstag *(Jueves Santo)*, Karfreitag *(Viernes Santo)*, 1. Mai *(Día del Trabajo)*, 30. Mai *(Día de Canarias)*, Fronleichnam *(Corpus Cristi)*, 25. Juli *(Santiago)*, 15. August *(Asunción)*, 25. August *(Derrota de Nelson)*, 12. Oktober *(Día de la Hispanidad)*,

1. November *(Todos los Santos),* 6. Dezember *(Día de la Constitución),* 8. Dezember *(Inmaculada Concepción),* 25. Dezember *(Navidad).*

FKK

In Touristenzentren hat sich Baden »oben ohne« an Strand und Swimmingpool eingebürgert. FKK ist generell unüblich und nur an bestimmten Abschnitten der Strände von La Tejita (bei El Médano) und Las Gaviotas (nächster Strand nach Las Teresitas in Richtung Igueste) geduldet.

Geld

Seit 1.1.2002 ist der Euro (€) die offizielle Währung in Spanien. Zum Schweizer Franken schwankt der Kurs weiterhin: 1 CHF = 0,65 € (Nov. 2005).

Banken, Wechselstuben und Hotels akzeptieren Reiseschecks, die Gebühren sind jedoch beachtlich.

Geldautomaten sind ausreichend vorhanden; Kreditkarten (Visa, Master Card u. a.) werden weithin akzeptiert.

Haustiere

Für Hunde und Katzen braucht man den EU-Heimtierausweis, der neben Name, Alter, Rasse und Geschlecht auch die gültige, tierärztlich bescheinigte Tollwutimpfung verzeichnet. Die Tiere müssen außerdem durch eine Tätowierung oder einen Microchip identifizierbar sein.

Information

Die Spanischen Fremdenverkehrsämter erteilen telefonisch Auskunft und versenden Prospektmaterial, das unter der zentralen Telefonnummer (0 61 23) 9 91 34 oder Fax 99 11 34 bestellt werden kann.

▮ **in Deutschland:** 10707 Berlin, Kurfürstendamm 63, Tel. (0 30) 8 82 65 43; 40237 Düsseldorf, Grafenberger Allee 100, Tel. (02 11) 6 80 39 80; 60323 Frankfurt/Main, Myliusstr. 14, Tel. (0 69) 72 50 33; 80051 München, Postfach 15 19 40, Tel. (0 89) 5 30 74 60.
▮ **in Österreich:** 1010 Wien, Walfischgasse 8–14, Tel. (01) 5 12 95 80.
▮ **in der Schweiz:** 8008 Zürich, Seefeldstr. 19, Tel. (044) 2 52 79 30/-31; 1207 Genf, 67, rue du Rhône, Tel. (01) 2 52 79 30.
▮ **im Internet:** www.spain.info
Die Informationsstellen vor Ort sind im Reiseteil angegeben.

Als Repräsentant Teneriffas in Deutschland hilft auch **Tenerife Tourism Corporation,** Clemensstr. 24, 80803 München, Tel. (0 89) 33 05 67 83, E-Mail: tenerife@tmf-gmbh.de, gerne weiter.

Kriminalität

Taschendiebe, Trickbetrüger und Autoknacker finden ihre Opfer vor allem in den Städten und Urlaubszentren. Aber auch wer seinen Wagen an einsamen Stellen, z. B. in den Cañadas, abstellt, sollte nichts im Wagen lassen und durch offene Fächer andeuten, dass es nichts zu holen gibt.

Notruf

Auf Teneriffa gilt die europaweite Notrufnummer 112. Der Dienst arbeitet mehrsprachig, auch in Deutsch. Er gilt für Notfälle, Erste Hilfe ebenso wie Polizei und Feuerwehr.

Rotes Kreuz: Santa Cruz de Tenerife: Tel. 922 28 18 00, Pto. de la Cruz: Tel. 922 38 38 12, Adeje (für Playa de Las Américas): Tel. 922 79 05 05.

Für den Fall, dass ein Rücktransport in die Heimat aus medizinischen Gründen dringend erforderlich ist, stehen rund um die Uhr der **DRK-Flugdienst,** Tel. 00 49-228-23 00 23 (http://drk.de), und außerdem die **Deutsche**

Rettungsflugwacht, Tel. 00 49-711-70 10 70 (www.drf.de), bereit.

Öffnungszeiten

- **Geschäfte** haben in der Regel Mo bis Fr 9–13, 16–20 Uhr, Sa 9–14 Uhr geöffnet. In den Urlaubszentren werden diese Zeiten je nach Saison und Betrieb flexibler gehandhabt und weitgehend auch der Sonn- zum Werktag gemacht.
- **Banken:** Mo–Fr 9–14, Sa 9–13 Uhr.
- **Post:** Mo–Sa 9–13 Uhr. In Santa Cruz de Tenerife hat die Hauptpost durchgehend (Mo–Fr 9.30–20.30, Sa 9.30 bis 14 Uhr) geöffnet.
- **Kirchen:** unregelmäßig; ist eine Kirche verschlossen, frage man in der Nachbarschaft nach dem Schlüssel.

Post

Das Porto für Standardbriefe und Ansichtskarten innerhalb Europas beträgt 0,53 €. Briefmarken *(sellos)* erhält man beim Kartenkauf und an der Hotelrezeption.

Telefonieren

Das Telefonamt *(Telefónica)* ist vom Postamt getrennt. Für Auslandsgespräche stehen mit »internacional« oder »interurbana« gekennzeichnete Telefonzellen zur Verfügung. Sie sind für Telefonkarten (*tarjeta telefónica;* erhältlich in Tabakläden und Supermärkten) oder Münzen eingerichtet.

In Spanien gibt es zwei Netze (GSM) für Mobiltelefon: Airtel und Movistar. Nur beim Wandern in Schluchten ist mit Problemen beim Empfang zu rechnen. Ein Handy-Anruf in die EU kostet ca. 3 € für 5 Minuten.

Telefonauskunft: national: Tel. 10 03, international: Tel. 025.

Die **Vorwahlnummer fürs Ausland** ist die 00, gefolgt von der jeweiligen Landesvorwahl (41 für die Schweiz, 43 für Österreich und 49 für Deutschland). Anschließend wählt man die Ortskennziffer ohne Null am Anfang, danach die Teilnehmernummer.

Vorwahl nach Spanien: 00 34.

Trinkgeld

In der Regel ist in Bars und in Restaurants der Service im Endbetrag der Rechnung inbegriffen. Es ist aber üblich, guten Service mit einem etwa 10%-igen Trinkgeld *(propina)* zu honorieren. In Hotels gibt man zu Beginn und am Ende des Aufenthalts einen angemessenen Betrag, ebenso bei Dienstleistungen, die nicht selbstverständlich sind.

Zeit

Auf den Kanarischen Inseln gilt die westeuropäische Zeit (WEZ). Es ist immer eine Stunde früher als auf dem europäischen Kontinent.

Zeitungen

Die überregionalen europäischen Tageszeitungen und Journale sind an den Kiosken in den Urlaubszentren spätestens am Tag nach ihrem Erscheinen erhältlich. Alle zwei Wochen erscheint ein deutschsprachiger »Wochenspiegel«, der zugleich Informations-, Werbe-, Lokal- und Unterhaltungsblatt ist (enthält Busfahrplan!).

Zoll

Die Kanaren sind noch immer Freihandelszone, weswegen es bei der Einreise keine Zollkontrollen gibt. Bei der Rückkehr nach Deutschland, Österreich und in die Schweiz gelten folgende Freigrenzen (wegen des Sonderstatus niedriger als EU-üblich): 200 Zigaretten, 100 Zigarillos, 50 Zigarren oder 250 g Tabak; 1 l Spirituosen über oder 2 l unter 22 Vol.-% (bzw. 15 °) Alkoholgehalt oder 2 l Schaumwein, dazu 2 l Tischwein. Souvenirs sind frei bis 175 € bzw. 300 CHF pro Person.

Langenscheidt Mini-Dolmetscher Spanisch

Allgemeines

Guten Tag.	Buenos días. [buenos **dias**]
Hallo!	¡Hola! [**o**la]
Wie geht's?	¿Qué tal? [ke tal]
Danke, gut.	Bien, gracias. [bjen **gra**θjas]
Ich heiße ...	Me llamo ... [me **lja**mo]
Auf Wiedersehen.	Adiós. [a**djos**]
Morgen	mañana [ma**nja**na]
Nachmittag	tarde [**tar**de]
Abend	tarde [**tar**de]
Nacht	noche [**no**tsche]
morgen	mañana [ma**nja**na]
heute	hoy [oi]
gestern	ayer [a**jer**]
Sprechen Sie Deutsch / Englisch?	¿Habla usted alemán / inglés? [abla us**ted** ale**man** / in**gles**]
Wie bitte?	¿Cómo? [**ko**mo]
Ich verstehe nicht.	No he entendido. [no e enten**di**do]
Wiederholen Sie bitte.	Por favor, repítalo. [por fa**wor** re**pi**talo]
..., bitte.	..., por favor. [por fa**wor**]
danke	gracias [**gra**θjas]
Keine Ursache.	De nada. [de **na**da]
was / wer / welcher	qué / quién / cuál [ke / kjen / ku**al**]
wo / wohin	dónde / adónde [**don**de / a**don**de]
wie / wie viel / wann / wie lange	cómo / cuánto / cuándo / cuánto tiempo [**ko**mo / ku**an**to / ku**an**do / ku**an**to **tjem**po]
Warum?	¿por qué? [por **ke**]
Wie heißt das?	¿Cómo se llama esto? [**ko**mo ße **lja**ma **es**to]
Wo ist ...?	¿Dónde está ...? [**don**de es**ta** ...]
Können Sie mir helfen?	¿Podría usted ayudarme? [po**dri**a us**ted** aju**dar**me]
ja	sí [ßi]
nein	no [no]
Entschuldigen Sie.	Perdón. [per**don**]
Das macht nichts.	No pasa nada. [no **pa**ßa **na**da]

Sightseeing

Gibt es hier eine Touristeninformation?	¿Hay por aquí cerca una información turística? [ai por a**ki** **θer**ka **u**na imforma**θjon** tu**ris**tika]
Ich möchte einen Stadtplan / ein Hotelverzeichnis.	¿Tiene un plano de la ciudad / una lista de hoteles? [**tje**ne um **pla**no de la θiu**dad** / **u**na **lis**ta de o**te**les]
Wann ist das Museum geöffnet?	¿Cuándo está abierto el museo? [ku**an**do es**ta** a**bjer**to el mu**ßeo**]
Wann ist die Kirche / die Ausstellung geöffnet?	¿Cuándo está abierta la iglesia / la exposición? [ku**an**do es**ta** a**bjer**ta la **igle**ßja / la espoßi**θjon**]
geschlossen	cerrado [θe**rra**do]

Shopping

Wo gibt es ...?	¿Dónde hay ...? [**don**de ai]
Wie viel kostet das?	¿Cuánto cuesta? [ku**an**to ku**es**ta]
Das ist zu teuer.	Es demasiado caro. [es dema**ßja**do **ka**ro]
Das gefällt mir (nicht).	(No) me gusta. [(no) me **gus**ta]
Gibt es das in einer anderen Farbe / Größe?	¿Tienen este modelo en otro color / otra talla? [**tje**nen **es**te mo**de**lo en **o**tro co**lor** / **o**tra **ta**lja]
Ich nehme es.	Me lo llevo. [me lo **lje**vo]
Wo ist eine Bank?	¿Dónde hay un banco? [**don**de ai um **ban**ko]
Ich suche einen Geldautomaten.	Busco un cajero automático. [**bus**ko un ka**che**ro auto**ma**tiko]
Geben Sie mir bitte 100 g Käse / zwei Kilo Pfirsiche.	Por favor, déme cien gramos de queso / dos kilos de melocotones. [por fa**wor** **de**me θjen **gra**mos de **ke**ßo / dos **ki**los de meloko**to**nes]
Haben Sie deutsche Zeitungen?	¿Tienen periódicos alemanes? [**tje**nen per**jo**dikos ale**ma**nes]
Wo kann ich telefonieren?	¿Dónde puedo llamar por teléfono? [**don**de puedo lja**mar** por tele**fo**no]
Wo kann ich eine Telefonkarte kaufen?	¿Dónde puedo comprar una tarjeta telefónica? [**don**de puedo kom**prar** **u**na tar**che**ta tele**fo**nika]

Notfälle

Ich brauche einen Arzt / Zahnarzt.	Necesito un médico / un dentista. [ne**θe**ßito um **me**diko / un den**tis**ta]

Rufen Sie bitte einen Krankenwagen / die Polizei.	Por favor, llame a una ambulancia / a la policía. [por fa**wor lja**me a **u**na ambu**lan**θja / a la poli**θi**a]
Wir hatten einen Unfall.	Hemos tenido un accidente. [**e**mos te**ni**do un agθi**den**te]
Wo ist das nächste Polizeirevier?	¿Dónde está el puesto de policía más cercano? [**don**de es**ta** el pu**es**to de poli**θi**a mas θer**ka**no]
Ich bin bestohlen worden.	Me han robado. [me an ro**ba**do]
Mein Auto ist aufgebrochen worden.	Me han abierto el coche. [me an a**bjer**to el **ko**tsche]

Essen und Trinken

Die Speisekarte, bitte.	La carta, por favor. [la **kar**ta, por fa**wor**]
Brot	pan [pan]
Kaffee	café [ka**fe**]
Tee	té [te]
mit Milch / Zucker	con leche / azúcar [kon **le**tsche / a**θu**kar]
Orangensaft	zumo de naranja [**θu**mo de na**ran**cha]
Mehr Kaffee, bitte.	Más café, por favor. [mas ka**fe** por fa**wor**]
Suppe	sopa [**ß**o**pa]
Fisch	pescado [pes**ka**do]
Meeresfrüchte	mariscos [ma**ris**kos]
Fleisch	carne [**kar**ne]
Geflügel	aves [**a**wes]
Reis	arroz [a**rros**]
Beilage	guarnición [guarni**θjon**]
vegetarische Gerichte	comida vegetariana [ko**mi**da vecheta**rja**na]
Eier	huevos [**u**ewos]
Salat	ensalada [enßa**la**da]
Dessert	postre [**pos**tre]
Obst	fruta [**fru**ta]
Eis	helado [e**la**do]
Wein	vino [**bi**no]
weiß / rot / rosé	blanco / tinto / rosado [**blan**ko / **tin**to / ro**ß**a**do]
Bier	cerveza [θer**we**θa]
Aperitif	aperitivo [aperi**ti**wo]
Wasser	agua [**a**gua]
Mineralwasser	agua mineral [**a**gua mine**ral**]
mit / ohne Kohlensäure	con / sin gas [kon / ßin gas]
Limonade	gaseosa [gaße**o**ßa]
Frühstück	desayuno [deßa**ju**no]
Mittagessen	comida [ko**mi**da]
Abendessen	cena [**θe**na]
eine Kleinigkeit	una cosita [**u**na ko**ß**i**ta]

Ich möchte zahlen.	La cuenta, por favor. [la ku**en**ta por fa**wor**]
Es war sehr gut / nicht so gut.	Estaba muy bueno / no tan bueno. [es**ta**ba mui bu**e**no / no tan bu**e**no]

Im Hotel

Ich suche ein gutes / ein nicht zu teures Hotel.	Busco un buen hotel / un hotel económico. [**bu**sko um bu**en** o**tel** / un o**tel** eko**no**miko]
Ich habe ein Zimmer reserviert.	Tengo una habitación reservada. [**ten**go **u**na abita**θjon** reßer**wa**da]
Ich suche ein Zimmer für ... Personen.	Busco una habitación para ... personas. [**bus**ko **u**na abita**θjon** **pa**ra ... per**ßo**nas]
Mit Dusche und Toilette.	Con ducha y wáter. [kon **du**tscha i **wa**ter]
Mit Balkon / Blick aufs Meer.	Con balcón / vista al mar. [kon bal**kon** / **bi**sta al mar]
Wie viel kostet das Zimmer pro Nacht?	¿Cuánto cuesta la habitación por noche? [ku**an**to ku**es**ta la abita**θjon** por **no**tsche]
Mit Frühstück?	¿Con desayuno? [kon deßa**ju**no]
Kann ich das Zimmer sehen?	¿Puedo ver la habitación? [pu**e**do wer la abita**θjon**]
Haben Sie ein anderes Zimmer?	¿Tienen otra habitación? [**tje**nen **o**tra abita**θjon**]
Es gefällt mir (nicht).	(No) me gusta. [(no) me **gus**ta]
Kann ich mit Kreditkarte zahlen?	¿Puedo pagar con tarjeta de crédito? [pu**e**do pa**gar** kon tar**che**ta de **kre**dito]
Wo kann ich parken?	¿Dónde puedo dejar el coche? [**don**de pu**e**do de**char** el **ko**tsche]
Können Sie das Gepäck in mein Zimmer bringen?	¿Puede llevarme el equipaje a la habitación? [pu**e**de lje**war**me el eki**pa**che a la abita**θjon**]
Haben Sie einen Platz für ein Zelt / einen Wohnwagen / ein Wohnmobil?	¿Les queda algún sitio libre para una tienda / una caravana / una autocaravana? [les **ke**da al**gun ßi**tjo **li**bre **pa**ra **u**na **tjen**da / **u**na kara**wa**na / **u**na autokara**wa**na]
Wir brauchen Strom / Wasser.	Necesitamos corriente / agua. [neθeßi**ta**mos ko**rrjen**te / **a**gua]

Orts- und Sachregister

Personenregister

Urlaubskasse

Espresso/Café solo	0,60–1 €
Softdrink (Wasser, Cola, Fanta)	1–1,50 €
kleines Glas Bier (caña)	1.50–1,80 €
Tapas	ab 2 €
Kugel Eis	1–1,50 €
Taxifahrt (bis 10 km)	ca. 7 €
Mietwagen/Tag	ab 25 €
1 l Superbenzin	0,78 €

Polyglott im Internet: www.polyglott.de,
im travelchannel unter www.travelchannel.de

Alle Informationen stammen aus zuverlässigen Quellen und wurden sorgfältig geprüft. Für ihre Vollständigkeit und Richtigkeit können wir jedoch keine Haftung übernehmen.
Ergänzende Anregungen bitten wir zu richten an:
Polyglott Verlag, Redaktion, Postfach 40 11 20, 80711 München.
E-Mail: redaktion@polyglott.de

Impressum

Herausgeber: Polyglott-Redaktion
Autor: Bernd F. Gruschwitz
Lektorat: Elisabeth Böllmann
Laufende Bearbeitung und Special: Irene Börjes
Layout: Ute Weber, Geretsried
Titelkonzept-Design: Studio Schübel Werbeagentur GmbH, München
Satz Special: Carmen Marchwinski, München
Karten und Pläne: Huber.Kartografie
Satz: Schulz Bild + Text, Dagebüll

PT 05M1

Erste Auflage 2006/2007

Printed in Germany
Dieses Buch wurde auf chlorfrei gebleichtem Papier gedruckt.
ISBN-13: 978-3-493-56813-4
ISBN-10: 3-493-56813-4

Infos zu Städten und Touren

Santa Cruz de Tenerife
Dauer: 1 Tag
Highlights: Bummel durch den alten Stadtkern ab Plaza de España: zur barocken Iglesia N. S. de la Concepcíon, ein Blick ins moderne *Museo de la Naturaleza y el Hombre und ein Besuch im Mercado de N. S. de África; kulinarische Stopps in der Calle La Luna, Shopping in der Calle de Castillo, Entspannung in der grünen Idylle des Parque Municipal García Sanabria. Für Architekturinteressierte: das Auditorio, die brandneue Konzerthalle des Architekten Santiago Calatrava.

Puerto de la Cruz
Dauer: 1 Tag
Highlights: Panoramablick vom Mirador de la Paz, Shopping auf der Avenida de Colón und in der Casa de Aduana (Kunstgewerbe), Badespaß im *Lago Martiánez, Lido de San Telmo und an der *Playa Jardín, Tiererlebnisse im Loro Parque, Pflanzenpracht im Jardín Botánico. Sonntags »Lucha Canaria« im Hotel Tigaiga.

Tour 1
Playa de Las Américas → Adeje → Guía de Isora → Arguayo → Santiago del Teide → **Masca → (Teno Alto) → Buenavista del Norte → El Tanque → Los Gigantes → Puerto de Santiago → Playa de Las Américas
Dauer: 1 Tag
Länge: 120 km
Highlights: *Barranco del Infierno, Töpfereimuseum in Arguayo, Teideblick in Santiago del Teide, Bergpanoramen auf der Fahrt ins Dorf **Masca und Abstieg in den *Barranco für geübte Wanderer, Abstecher nach Teno Alto, Aussichtspunkte an der Serpentinenstraße nach El Tanque, Felsen *Acantilados de los Gigantes.

Tour 2
Puerto de la Cruz → *La Orotava → Aguamansa → Teide-Nationalpark → Vilaflor → Arona → Los Cristianos
Dauer: 1 Tag
Länge: 90 km
Highlights: Schmuckes Städtchen *La Orotava, Pueblo Chico im Orotava-Tal, Felsnadeln Los Órganos bei Aguamansa, Kraterlandschaft **Las Cañadas zu Füßen des **Pico del Teide, Seilbahnfahrt zum Gipfel, vulkanische Formationen *Los Roques de García, Parque Ecológico Las Águilas del Teide mit Greifvogelschau bei Arona.